LABYRINTH

Olaf Nicolai und Jan Wenzel
Labyrinth. Ein Buch in vier Vorträgen

Buchkonzept: Olaf Nicolai, Jan Wenzel, Urs Lehni
Texte und Bildauswahl: Olaf Nicolai, Jan Wenzel
Lektorat: Jana Fuchs
Satz: Rollo Press
Druck: Nørhaven, Viborg

1. Auflage

Spector Books
Harkortstraße 10
D-04107 Leipzig
mail@spectorbooks.com
www.spectorbooks.com

Rollo Press
Kochstraße 1
CH-8004 Zürich
eule@rollo-press.com
www.rollo-press.com

Die Publikation entstand in Kooperation mit der Stiftung Galerie für Zeitgenössische Kunst Leipzig.

ISBN 978-3-940064-82-0 9 8 7 6 5 4 3 2 1

LABYRINTH
EIN BUCH IN VIER VORTRÄGEN

Olaf Nicolai und Jan Wenzel

Spector Books, Leipzig & Rollo Press, Zürich

Für Felix

Auf dem Umschlag wurden folgende Abbildungen verwendet:
— Archigram / Warren Chalk: *Phantoms*, Collage (1966) ▹ *Archigram*, Paris: Éditions du Centre Pompidou, 1994, S. 112.
— *Squiggle* ▹ Geliehen von Bart de Baets, Amsterdam
— Claude Shannons Einrad (1951), Foto: Axel Roch ▹ www.heise.de
— Bewegungsskizze ▹ Kevin Lynch: *Das Bild der Stadt*, Berlin / Frankfurt am Main / Wien: Ullstein, 1965, S. 125.
— Besen ▹ www.schulbilder.org

Auf Seite 320 wurde folgende Abbildung verwendet:
— Archigram / Warren Chalk: *Ghosts*, Collage (1966) ▹ *Archigram*, Paris: Éditions du Centre Pompidou, 1994, S. 111.

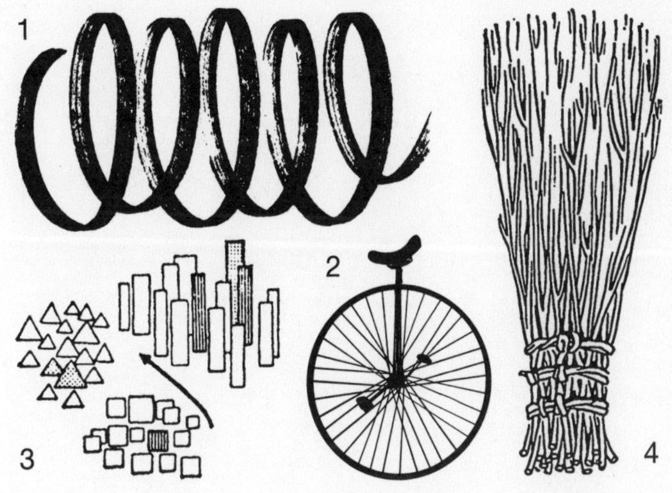

INHALT

LABYRINTH

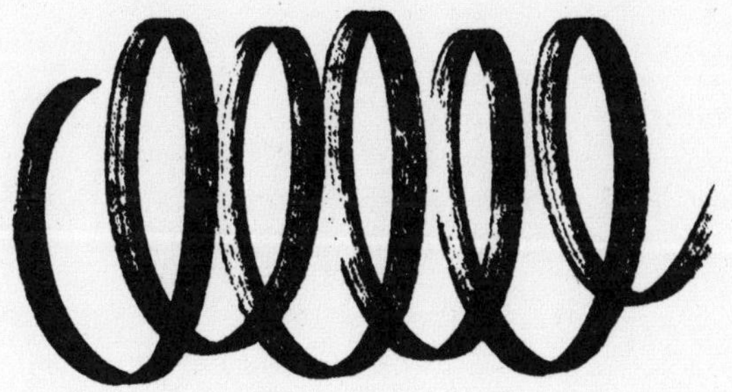

URBANITÄT / MIGRATION

(1)

Von Kreta nach Paris
durch die Katakomben
bis in die Banlieue

weiter zum Parc de La Courneuve
unerkannt
über die Grenze
von Mexiko
in die USA.

Vortrag: Alexander Hempel
Galerie für Zeitgenössische Kunst Leipzig
20. September 2010, 19 Uhr

[Licht aus.]

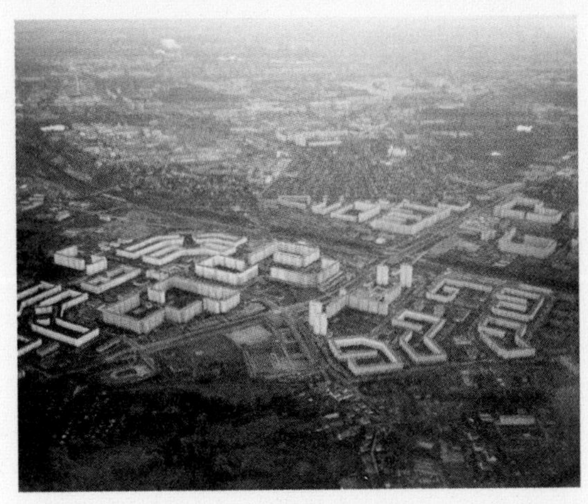

1.01 Ist die Grundlage des antiken Labyrinthmythos eine schockhafte Erfahrung von Urbanität?

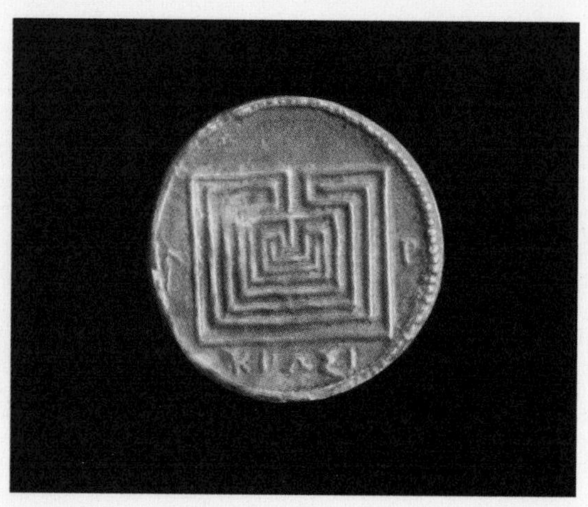

1.02 Ist der Labyrinthmythos, wie der Architekturhistoriker Jan Pieper formulierte, „nichts anderes, als die Rezeption der Stadt durch die nicht-städtische Welt der indogermanischen Gentilgesellschaften? Theseus [der Bezwinger des Minotaurus] gewissermaßen als Exponent jener ungehobelten Barbaren, die vor langer Zeit ihre Stammsitze nördlich der Donau verließen, um jenseits der Ägäischen See – und später auch östlich des Indus – auf Kulturen zu stoßen, die ihnen Bewunderung abnötigten.“

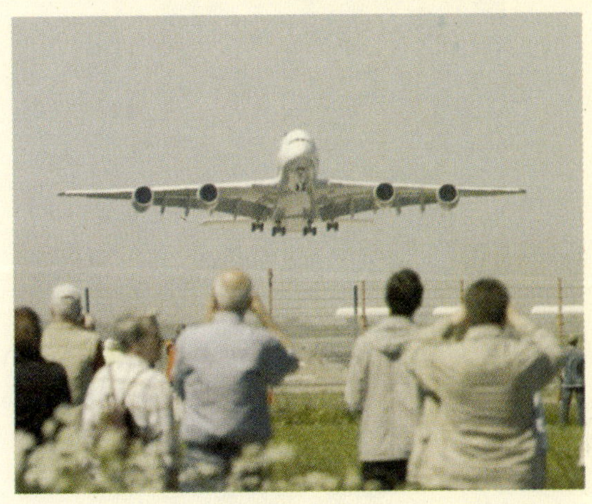

1.03 „Barbaren allerdings, die nicht plumpe Rohlinge waren, sondern noch offen zu staunen und zu lernen“, wie Pieper ausdrücklich hinzufügt.

Ist der Labyrinthmythos also nichts anderes als ein inzwischen viertausend Jahre altes Erstaunen?

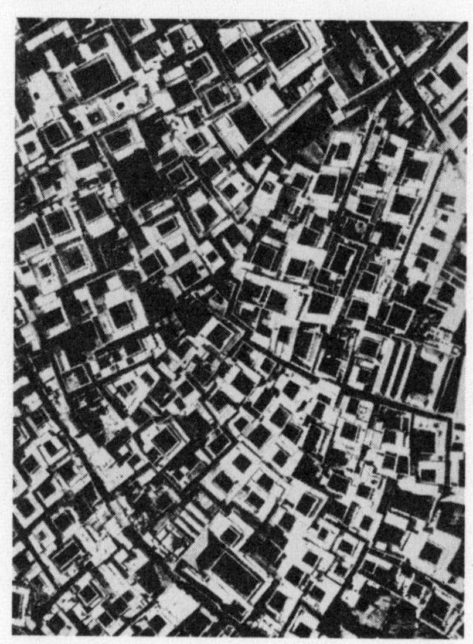

1.04 Ist es ein widersprüchlicher Reflex – Angst und Faszination zugleich –, der eine Form gefunden hat, in der er sich ausdrücken lässt? Eine Form, in der die schockhafte Erfahrung jener „volksdurchwimmelten Städte" Kretas festgehalten ist? In der sie weitergetragen wird als Erzählung, Metapher, als Bewegungsfigur, als grafisches Zeichen?

Für die Griechen stellten die kretischen Städte vor 2.000 Jahren eine grundlegend neue räumliche Erfahrung dar. Den Schrecken, den sie dabei empfanden, transformierten sie in ein ästhetisches Spiel. In ein Spiel um Zentralität und Peripherie, Orientierung und Desorientierung; in ein Spiel, in dem jene weit zurückliegende Erfahrung des Vordringens und Verirrens bis in unsere Gegenwart transportiert wurde, dabei unablässig neue Erfahrungen und neue Vorstellungen an sich bindend.

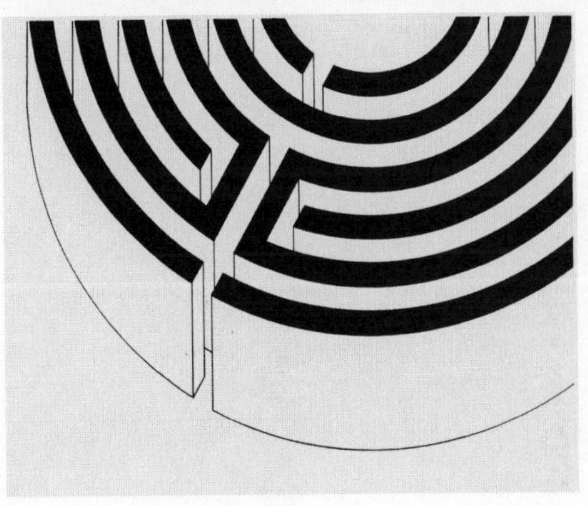

1.05 Keine Frage, es gibt unterschiedliche Ansätze, unterschiedliche Versuche, um Licht in den Ursprung der Labyrinthform zu bringen. Etymologisch lässt sich das Wort „Labyrinthos" sowohl auf „Labrys", die Doppelaxt, zurückführen, als auch auf das vorgriechische Wort „laura", das Steinbruch bedeutete. Pieper erklärt dazu: „Aus diesen etymologischen Schlüssen folgert dann die eine Schule, daß es sich bei dem legendären Labyrinth um einen ausgedehnten Steinbruch gehandelt haben müsse, die andere, daß darunter ein labyrinthischer Kultbau der heiligen Doppelaxt zu verstehen sei."

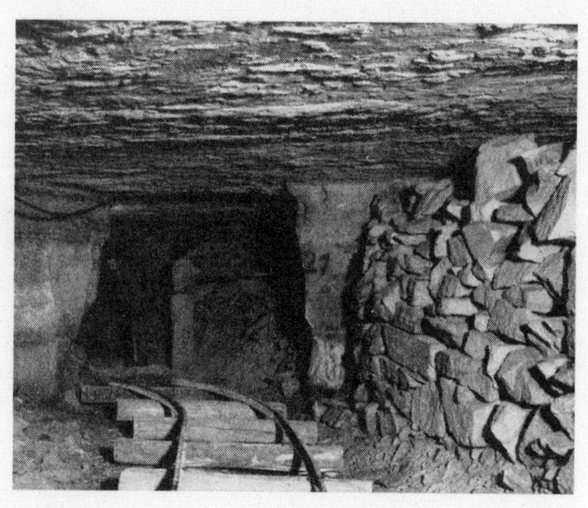

1.06 „Zum Beweis werden einmal […] die kretischen Steinbrüche angeführt …“

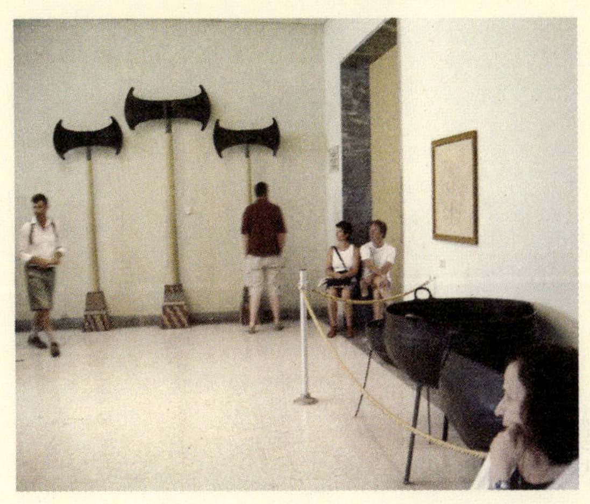

1.07 „... ein andermal die zahlreichen Doppelaxtfunde im Palast von Knossos, die zweifellos kultischen Zwecken gedient haben.“

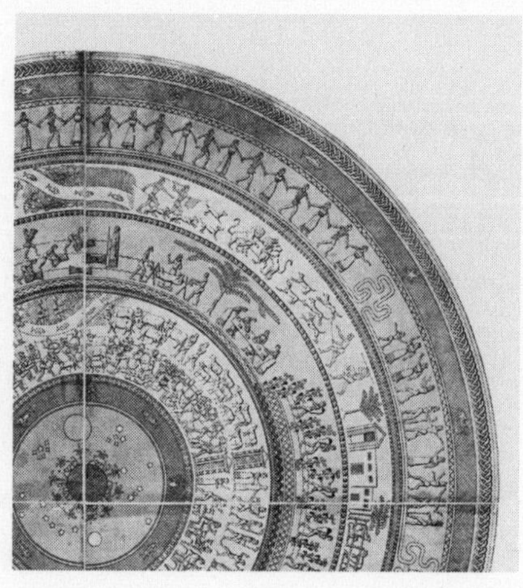

1.08 Eine andere Hypothese zum Ursprung der Labyrinthform bezieht sich auf den Tanz – das Labyrinth wird hier als eine Bewegungsfigur, als eine den Raum beschreibende Bewegung gedacht. Theseus, der Bezwinger des Minotaurus, gilt als Urheber des „Geranos", jenes Kranichtanzes, der Weg, Prozession und Trance zugleich ist und dessen Bewegungsablauf sich mit Hilfe einiger antiker Berichte recht gut rekonstruieren lässt.

Hier ein Ausschnitt aus der Rekonstruktion des Schilds des Achilleus, das Ludwig Wenigers 1912 anfertigte. Dargestellt ist auch der Kranichtanz. Die Tänzer bewegen sich auf einem schmalen Weg, der sich in regelmäßigen Abständen mäanderförmig verschlingt, womit die Windungen der Tanzbewegungen angedeutet werden sollen.

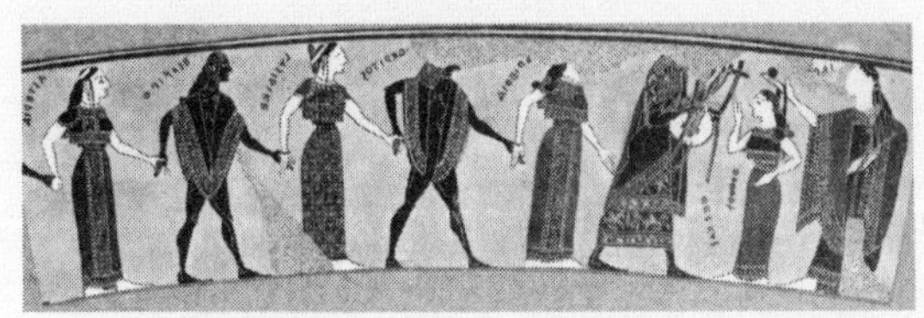

1.09 Bei Homer findet man den Hinweis auf eine Tänzerkette, bei der sich Jünglinge und Mädchen abwechselnd an den Handgelenken fassen, wie hier zum Beispiel auf der François-Vase aus dem sechsten Jahrhundert vor Christus. Pollux, ein griechischer Lexikograf des zweiten Jahrhunderts nach Christus, beschrieb diesen Tanz folgendermaßen: „Die Geranos tanzte man als Gruppe, Tänzer für Tänzer in einer Reihe, die Tanzführer an beiden Enden. Theseus tanzte die Geranos zuerst, indem er (mit den geretteten Kindern) um den delischen Altar herum den Ausgang aus dem Labyrinth nachahmte."

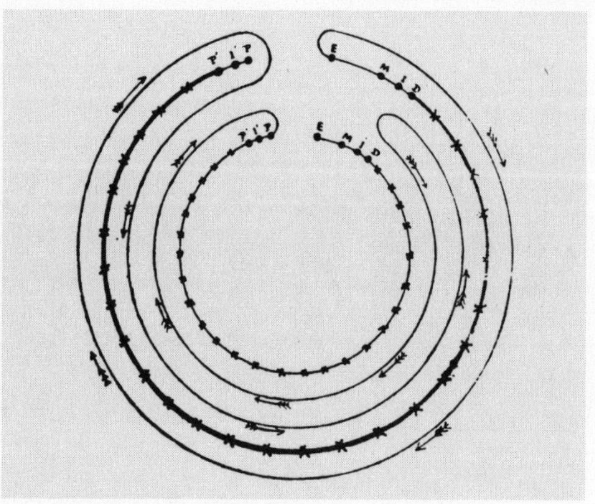

1.10 Dies führt uns zu der Frage, wie denn die Bewegung der Tänzerkette im Einzelnen ausgesehen haben mag. Die angeführten Belege ergeben für mich ein klares Abbild der Windungen des Labyrinths, so dass ich mir die Bewegungen des Chors wie einen Ariadnefaden vorstelle. Die Tänzer, einer hinter dem anderen, einander an den Händen oder gemeinsam ein Seil haltend, umkreisen das Zentrum in zunächst größer, dann kleiner werdenden Bögen unter dauerndem Richtungswechsel, in ruhigem Schreit-Tanz. Dann erreicht der Führer das Zentrum, während der Rest der Tänzerkette sich auf der letzten Bahn so um ihn herumwindet, dass der Weg zurück nach außen abgeschnitten wird.

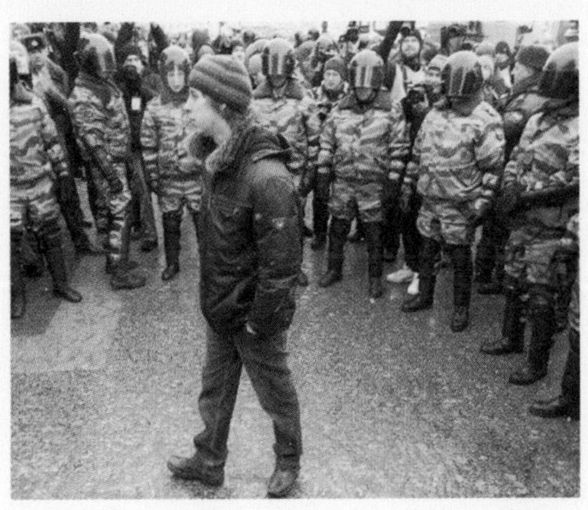

1.11 Diese Situation des Eingeschlossenseins mag auch die tatsächliche Grundlage dafür gewesen sein, dass dem Labyrinth oft Gefängnis-Charakter zugeschrieben wird.

Diese Situation gibt auch dem Begriff „Ariadnefaden" seinen Sinn: Aus allen antiken Berichten geht hervor, dass Theseus den Ariadnefaden lediglich dafür brauchte, aus dem Labyrinth herauszufinden, nachdem er zuvor problemlos bis ins Zentrum vordringen konnte. Das stellt uns vor die Frage, warum die Hilfe des Ariadnefadens bei der Bewegung in diesem labyrinthischen Gebäude anfangs nicht nötig war. Hier jedoch, bei der Tanzbewegung, wird deutlich, dass Theseus aus seinem Labyrinth-Gefängnis nicht entrinnen kann, wenn die ihn einschließende Tänzerkette – der Ariadnefaden – sich nicht wieder rückwärts aufspult.

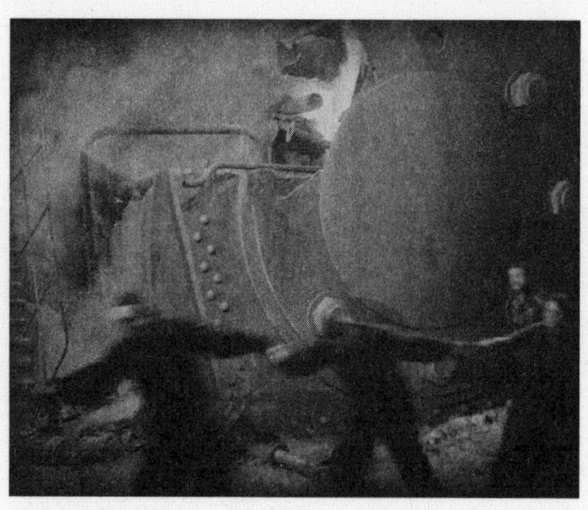

1.12 Bei dieser anschließenden Rückwärtsabwicklung des Tanzes, nach dem Richtungswechsel sämtlicher Beteiligter, hängt sich Theseus an die vom letzten Tänzer (dem anderen Geranulkos) geleitete Tanzkette an, er wird von ihr hinausgeführt, wie das ja auch vom Ariadnefaden berichtet wird. Verständlich wird auch, dass nur Theseus das Zentrum des Labyrinths erreicht. Nur von ihm wird berichtet, dass er im Labyrinth war, nur bei ihm lässt sich ein eigentliches Initiationserlebnis feststellen: Nur er musste sich der Prüfung stellen.

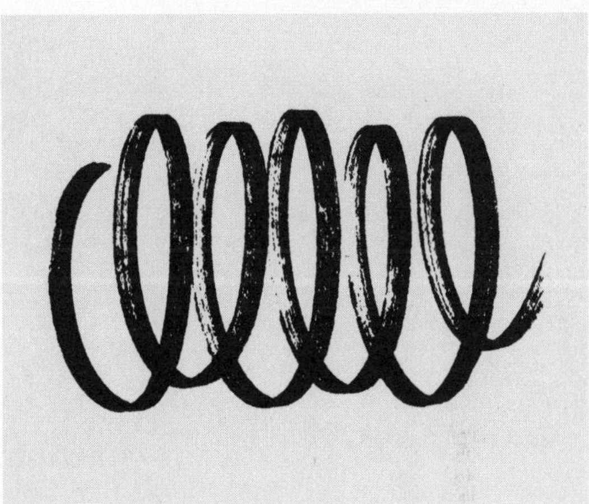

1.13 Diese drei Interpretationen genügen, um zu sehen, wie vielfältig das Beziehungsgeflecht innerhalb der Labyrinth-Thematik ist, wie die einzelnen Elemente hier immer wieder aufeinander verweisen.

„Komplexität entsteht oft durch die Kombination sehr einfacher Elemente“, sagte der französische Genetiker François Jacob einmal, und vielleicht ist es ja gerade das bestechende an der Interpretation von Jan Pieper, dass die Elemente, auf die er sich bezieht, um die Genealogie des Labyrinthmythos zu klären, die allereinfachsten sind.

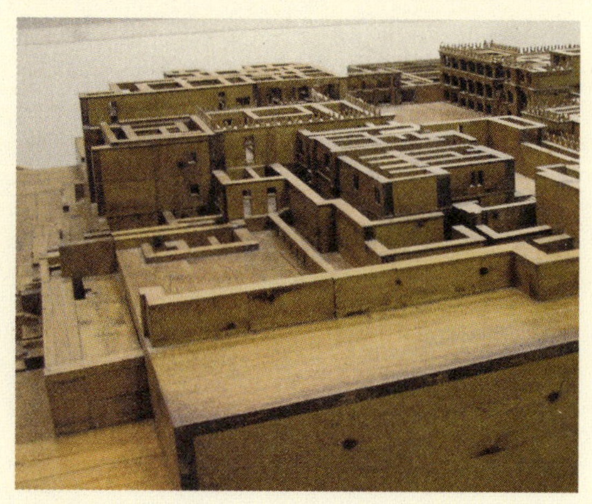

1.14 Kein sagenumwobener Palast mit tausenden Sälen und Kammern.

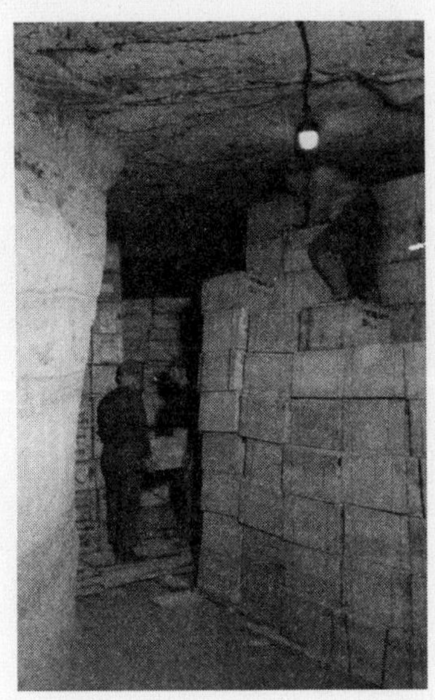

1.15 Keine dunkle Höhle, in der eine Bestie haust.

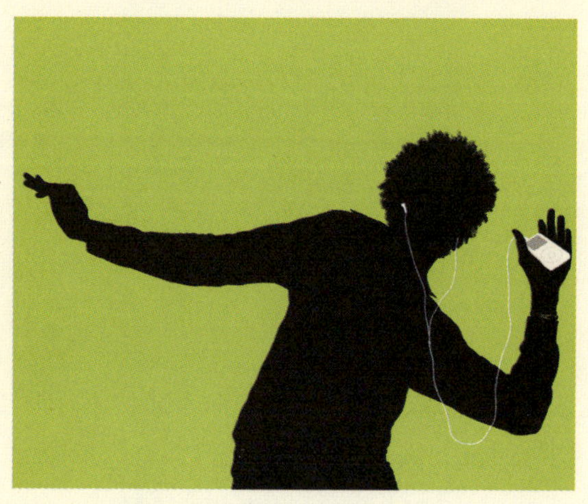

1.16 Kein ekstatischer Tanz, der nur durch einige wenige Textstellen in der antiken Literatur beglaubigt ist.

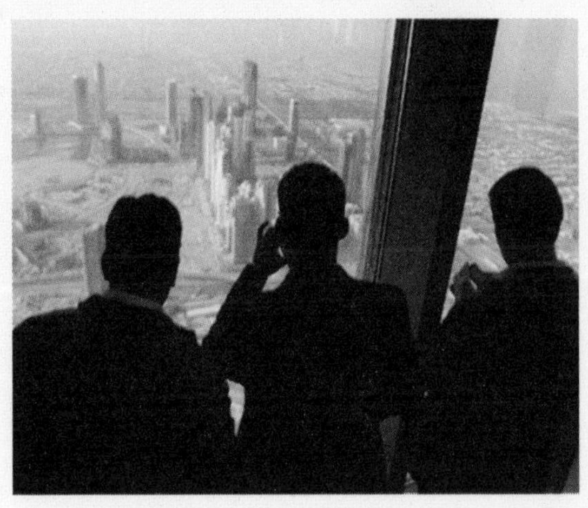

1.17 Sondern die für die Griechen damals völlig neuartige Erfahrung von Stadt.

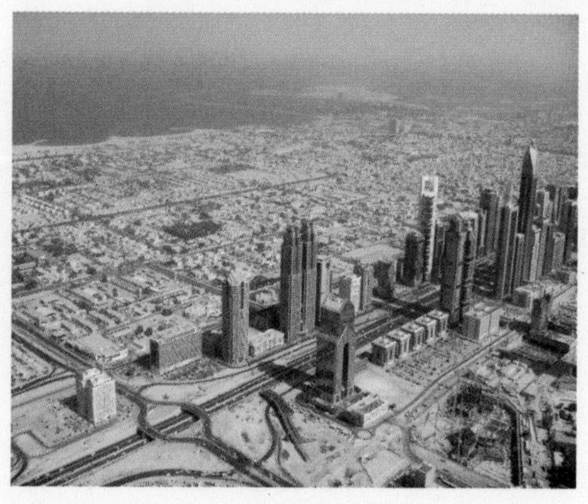

1.18 Ein zivilisatorisches Novum - in dem Jan Pieper all jene Momente vorfindet, die für den Labyrinthmythos von Bedeutung sind.

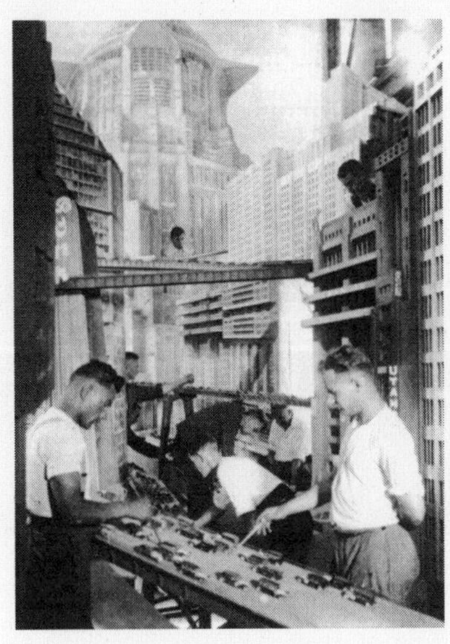

1.19 „Der Sagenkreis um Theseus und den Minotaurus, um Daedalus und das Labyrinth ist ein erstes Zeugnis des Nachdenkens über Architektur. [...]

Als das ganz Neue der Stadt sieht der Mythos ein schillerndes Spektrum von bisher unbekannten architektonischen Eigenschaften, die immer zugleich großartig und abschreckend, unheimlich, aber doch faszinierend sind, Schönheiten, die zugleich anziehen und abstoßen," schreibt Jan Pieper in seiner wegweisenden Untersuchung „Das Labyrinthische. Über die Idee des Verborgenen, Rätselhaften, Schwierigen in der Geschichte der Architektur".

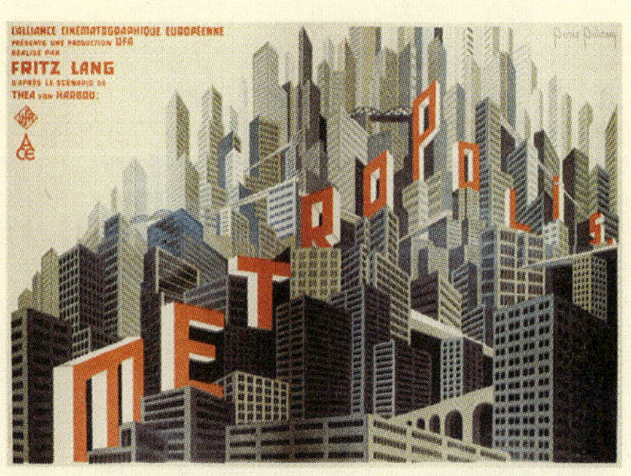

1.20 Dieses Erstaunen über das Urbane ist eine Erfahrung, die sich, seit die Griechen Knossos zum ersten Mal sahen, unendliche Male wiederholt hat. Die Stadt ist etwas Ungeheuerliches geblieben – sie ist Bewegung, Überraschung, unüberschaubare Vielfalt, höchste Komplexität und atemberaubende Künstlichkeit. Sie wird durch unsichtbare Schwellen und verwirrende Merkzeichen gegliedert und über ein verwickeltes und ausgedehntes Wegesystem erschlossen.

Als Ganzes ist sie – nicht nur visuell – kaum zu erfassen, kaum darstellbar. Auch deshalb zählt das Labyrinth seit der Antike zu jenen Metaphern, die das Städtische in seiner Ungeheuerlichkeit zu beschreiben versuchen. In Baltasar Graciáns allegorischem Roman „El Criticón“, der 1651/52 entstand, findet man dafür eine charakteristische Schilderung.

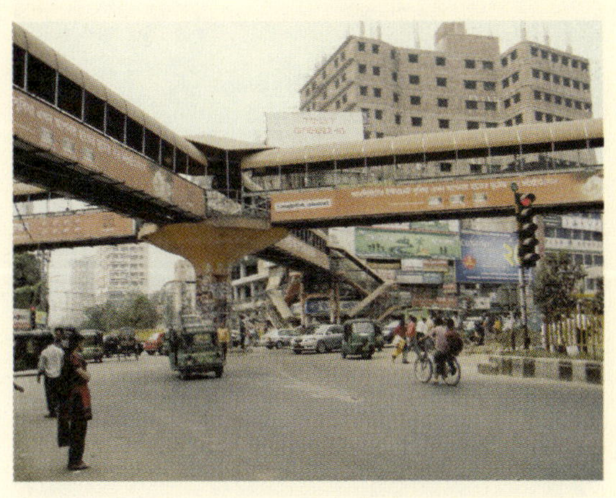

1.21 Die Situation des Romans: Graciáns Held kommt in eine Großstadt. Seine Eindrücke beschreibt er wie folgt: „Es war ein musterhaftes Labyrinth und eine wahre Stätte des Minotaurus. Der große Platz war geräumig, ohne Perspektive und Ebenmaß. Alle seine Tore waren falsch, und keines stand offen: Türme in Menge, mehr als in Babel, und sehr dem Winde ausgesetzt. [...] Ein Babel an Wirrwarr, ein Lutetia, d.h. Paris, an Schmutz, ein Rom, was die Veränderungen, ein Palermo, was die Vulkane, ein Konstantinopel, was die Geistesumnachtung, ein London, was die Pestilenzen, und ein Algier, was die Gefangenschaften angeht. [...] Verwirren wir uns nicht in diesem höfischen Labyrinth. Nichts sollst du glauben, was immer man dir sagt, nichts zugestehen, was immer man von dir fordert, nichts tun, was immer man dir gebietet."

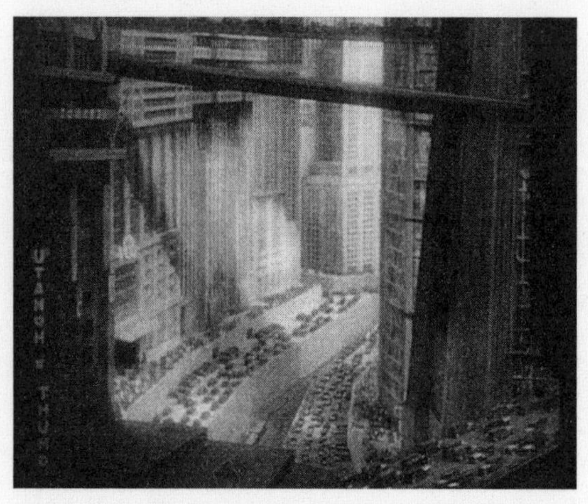

1.22 Kehren wir noch einmal zurück nach Kreta, auf die Insel des Minos, wo vor mehr als 3.000 Jahren der erste Staat Europas entstand. Kreta – ein Kreuzungspunkt zwischen Europa, Asien und Afrika. Bevölkert von Händlern und Seefahrern, den einzigen, die sich zu jener Zeit aufs offene Meer hinauswagten und die Küste hinter sich ließen. Denn sie vermochten sich zurechtzufinden, auch ohne die Küste im Blick zu behalten.

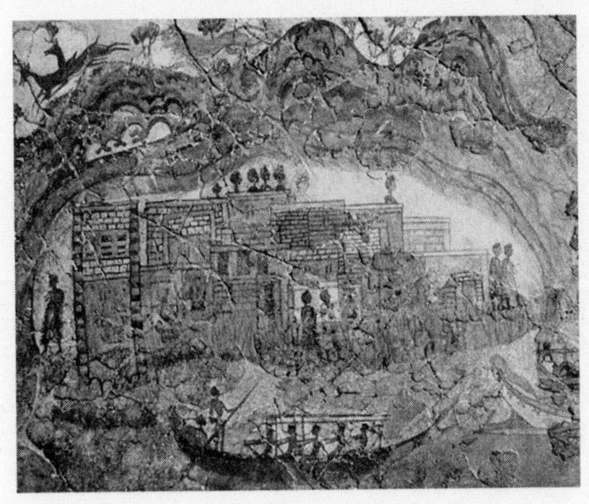

1.23 Die Griechen waren in jener Epoche noch ein Volk von Ackerbauern und Hirten.

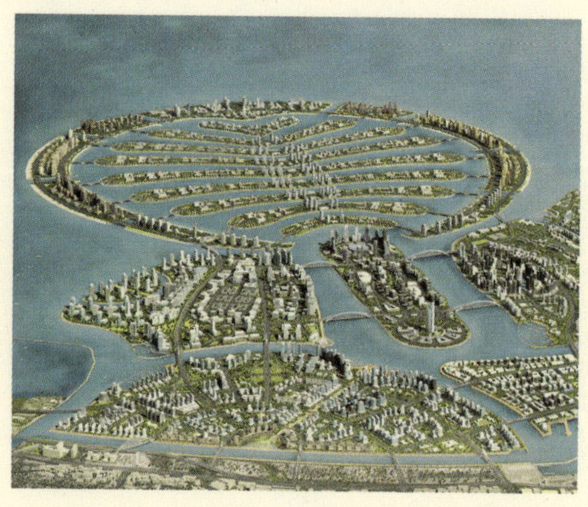

1.24 Die städtische Raffinesse Kretas musste ihnen ungeheuerlich erscheinen.

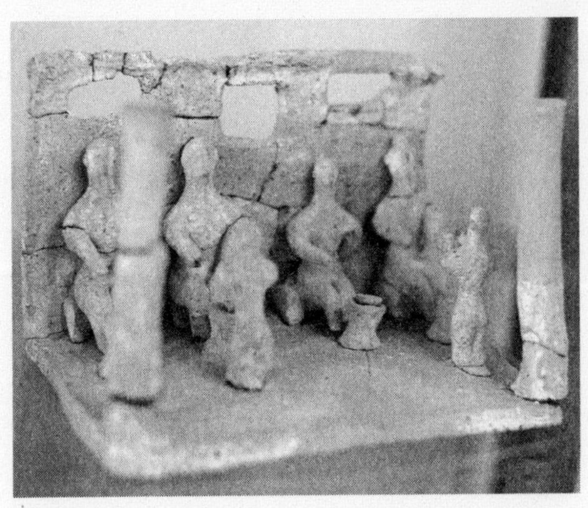

1.25 Während die Bewohner Attikas noch in „Steinkisten“ hausten, die man euphorisch „megaron“ (das Geräumige) nannte ...

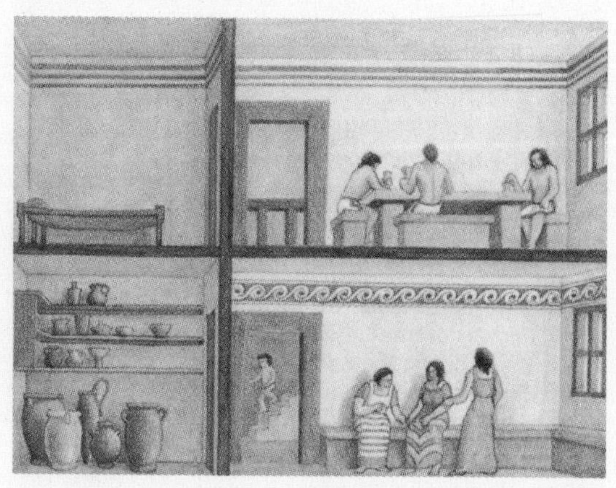

1.26 ... gab es auf Kreta bereits Städte, in denen jeder in seinen festen – und eigenen – vier Wänden wohnte. Die Häuser standen dicht gedrängt. Mit Feldsteinen gepflasterte Gassen verbanden einzelne Wohnviertel. Ging es hügelan, waren hier und da für die Bequemlichkeit Treppenstufen eingebaut.

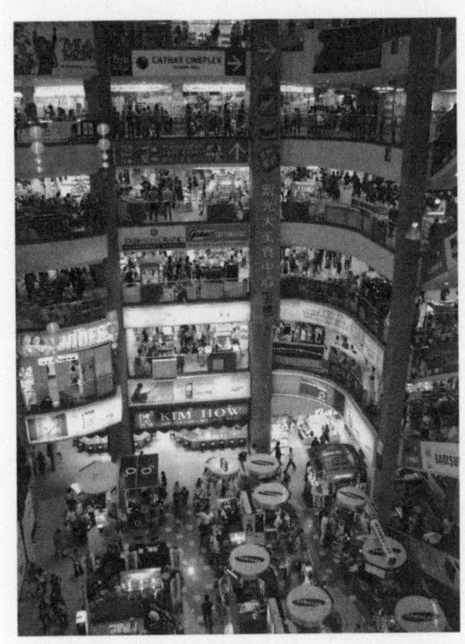

1.27 Kreta galt als Warenparadies der archaischen Welt. Knossos trug den Beinamen „nisos makaron“, Insel der Seligen. Von Archäologen wird die Einwohnerzahl von Knossos auf 100.000 geschätzt. Deshalb spricht Homer in der „Ilias“ von den „volksdurchwimmelten Städten“ Kretas.

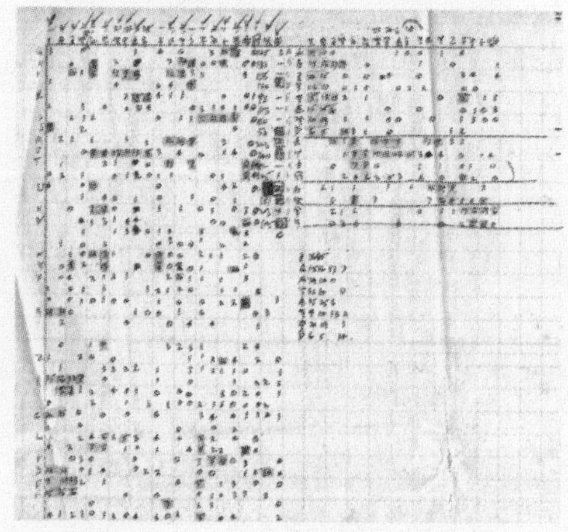

1.28 Die Stadt des König Minos ist der früheste europäische Bezugspunkt für einen Prozess der Verstädterung. Stadt ist hier als Kulturzustand und Lebensform zu verstehen, aber auch als Raumgefüge und architektonische Struktur.

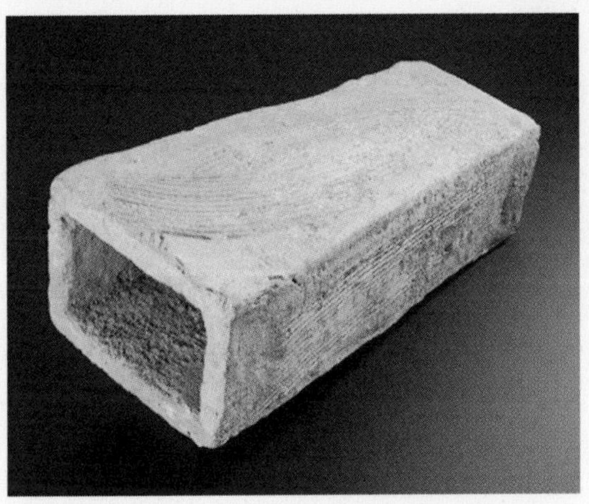

1.29 Knossos verfügte bereits 1.700 vor Christus über ein beachtliches Trink- und Abwassersystem. Hier sehen Sie zum Beispiel eine Wasserleitung aus Terrakottarohren. Die Bewohner dieser antiken Metropole entwickelten neue Techniken, mit dem Raum umzugehen und ihn darzustellen …

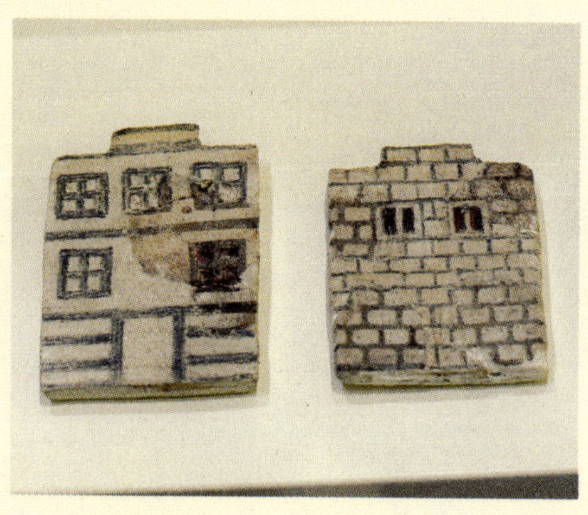

1.30 Raum zu denken …

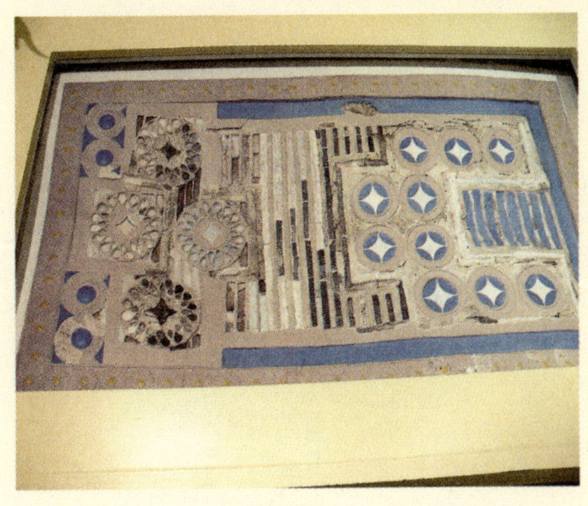

1.31 ... und mit ihm zu spielen. Was Sie hier sehen, ist ein Spielbrett mit Einlagen aus Elfenbein, Bergkristall und Glas, ungefähr aus der Zeit um 1.600 vor Christus.

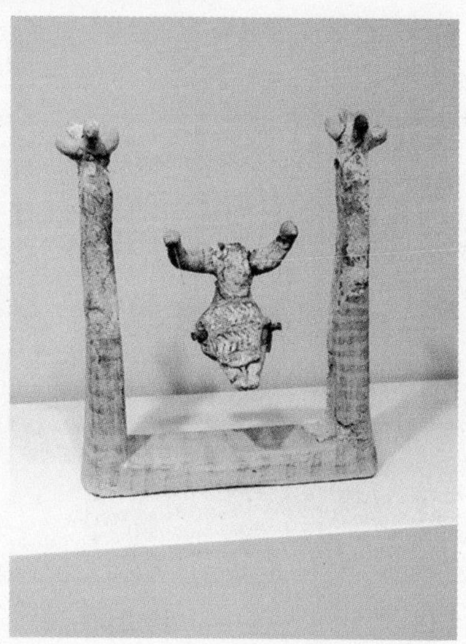

1.32 Die Bewohner dieser Städte artikulierten ihr eigenes, körperliches „im Raum sein“ auf vielfältige Weise.

Kein Wunder, dass jene minoischen Städte der Händler und Seefahrer, einem Hirtenvolk „labyrinthisch“ vorkamen. Für die Griechen waren sie ein rätselhafter, mythischer Ort, an dem Götter und Menschen einander begegneten.

Auch die Vorstellung, dass im Zentrum eines solch unübersichtlichen Gebildes, aus dem keiner mehr herauszufinden vermag, ein stierköpfiges, angsteinflößendes Ungeheuer – der Minotaurus – thronen müsse, ist leicht nachzuvollziehen.

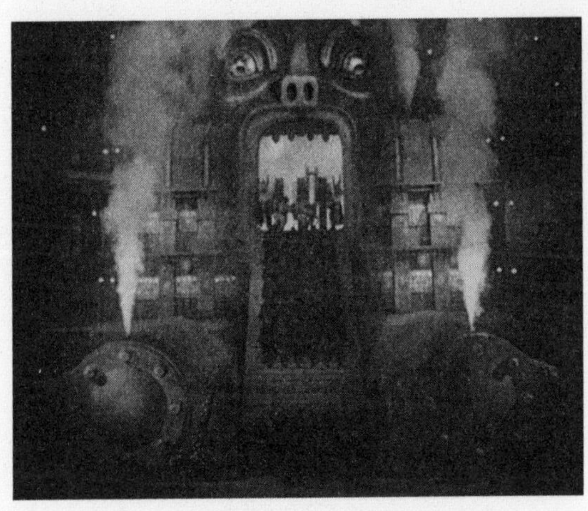

1.33 Dass die Stadt selbst dieser menschenverschlingende Moloch ist, von dem der Mythos über Minos, Pasiphae, Theseus, Ariadne und den Minotaurus berichtet, ist eine Pointe, die vielen Altertumsforschern und Kreta-Reisenden Jahrhunderte lang verborgen blieb. Vielleicht auch, weil sie sich bei ihrer Suche nach den Überresten des historischen Labyrinths allzu sehr von einer bestimmten Ikonografie, von einem bestimmten Bild des Labyrinths leiten ließen, blieb ihre Suche nach jenem sagenhaften Bauwerk, in dem der Minotaurus eingesperrt war, über 2.000 Jahre ergebnislos.

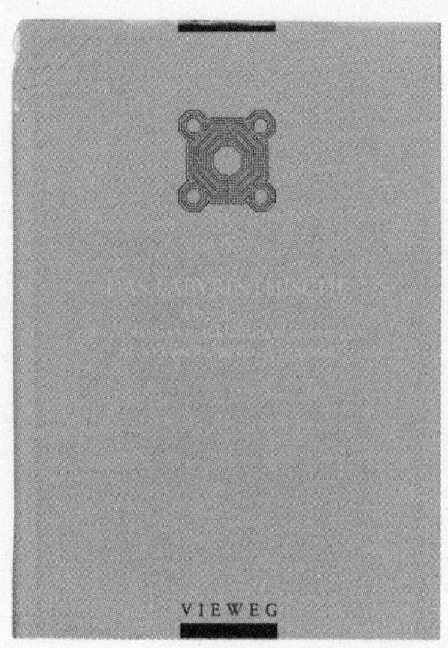

1.34 Jan Pieper gelingt es in seiner Interpretation des Labyrinthmythos, den philologischen Streit über die Herkunft des Wortes Labyrinth – den Disput um Doppelaxt oder Steinbruch – durch eine einfache Synthese gegenstandslos zu machen. Denn beide Ableitungen verweisen auf ein gemeinsames, ursprüngliches Sinnfeld: „künstlich gewonnener Stein, Steinbau“ oder auch „gepflasterte Straße“.

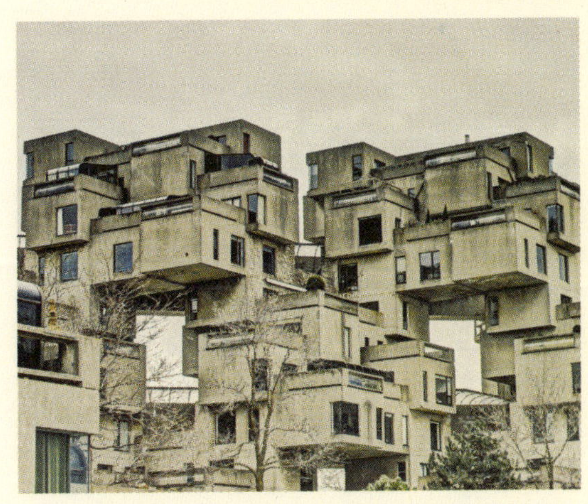

1.35 „Bei der enormen Bedeutung, die der Begriff Labyrinth in späterer Zeit gewonnen hat, bei all seinen Assoziationen von Komplexität, Riesenhaftigkeit und Großartigkeit, aber auch latenter Bedrohung, kann es sich bei diesem Steinbau nicht um eine architektonische Struktur mehr oder minder eindrucksvoller Solitärs gehandelt haben …"

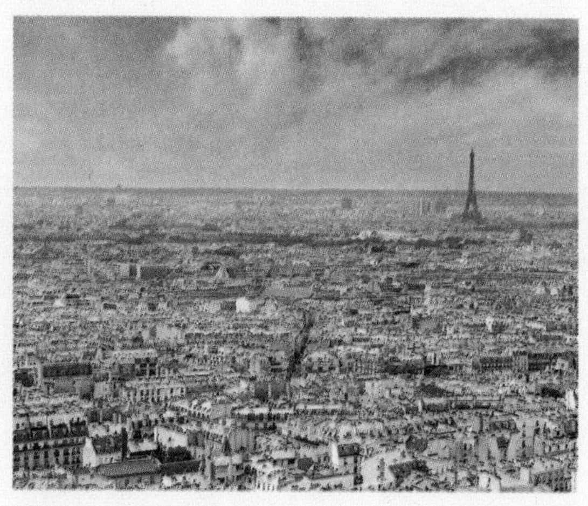

1.36 „... sondern nur um einen Steinbau, der in seiner Art bis dahin einzigartig war, eben um die steinernen Städte, die Generationen in ameisenhaftem Fleiß errichtet hatten, so überaus kompliziert, daß sie als Ganzes nicht mehr zu fassen waren, visuell überhaupt nicht, und begrifflich nur noch in ähnlich komplexen Modellfiguren", argumentiert Jan Pieper.

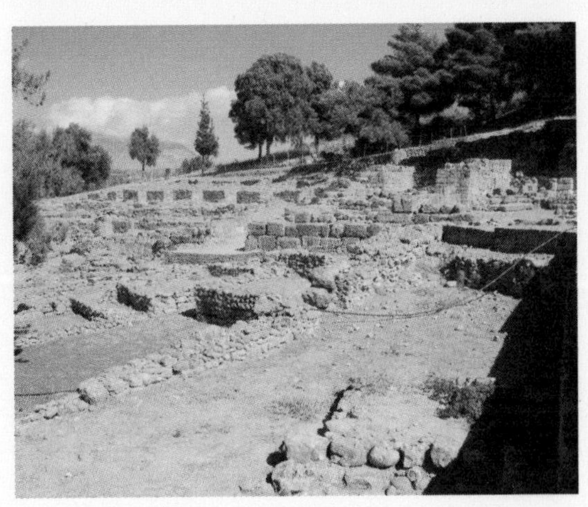

1.37 „Wir wissen aus Ausgrabungsbefunden, daß nicht nur der Palast aus behauenem Stein errichtet war, sondern die gesamte Stadt. Selbst einfache Stadthäuser waren im Erdgeschoß aus fast zyklopischen Blöcken errichtet, während das Obergeschoß aus kleineren Werksteinen gefügt war. Auch dies war einzigartig in der alten Welt und unterschied die kretischen Städte grundlegend von der ägyptischen Stadtarchitektur, in der steinmetzmäßig behauener Stein oder Bruchstein dem Sakralbau vorbehalten blieb. Und es ist sicher eine weitere Überlegung wert, ob diese ungeheure Entwicklung, die der Steinbau mit dem zivilisatorischen Sprung der Stadtkultur Kretas erfuhr, nicht wesentlich zur Entfaltung des rätselhaften Kults der Doppelaxt beigetragen hat."

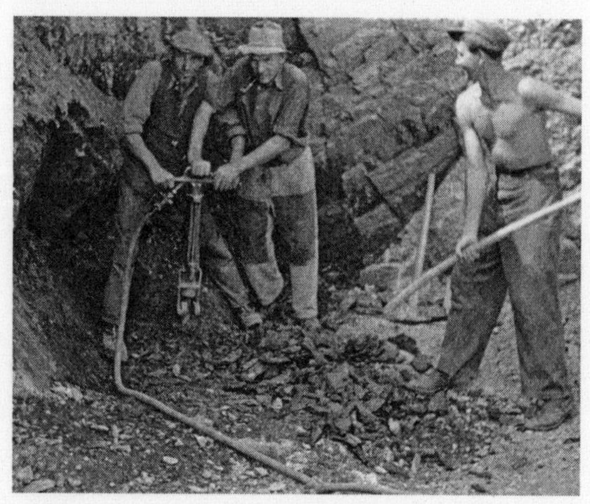

1.38 „Denn diese ‚Labrys' ist ja nicht in erster Linie das Attribut einer lokalen Sonderform des Zeus [...], sondern darin verbirgt sich nichts anderes als der Flächenhammer der Steinmetzen, ein Werkzeug, das noch heute in Gebrauch ist. Mit diesem Werkzeug, das wie alle Steinmetzwerkzeuge bis auf den heutigen Tag zweischneidig und symmetrisch geformt ist, wurden Millionen von Steinen behauen und aneinandergefügt, wurden jene Städte errichtet, durch die sich die kretische Kultur in so prägnanter Weise von der des Festlandes und der der übrigen archaischen Hochkulturen unterscheidet."

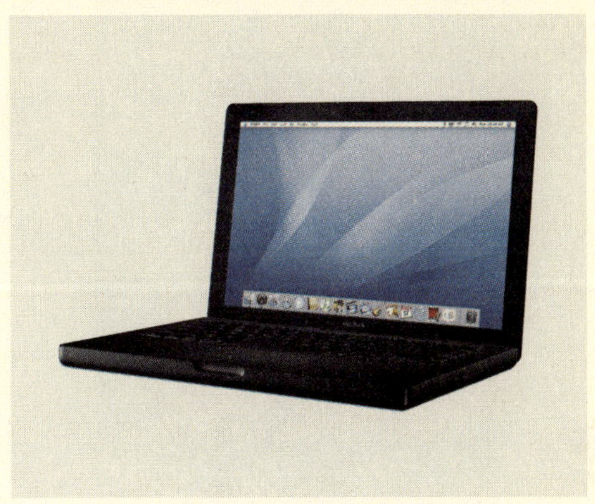

1.39 „Was nimmt es da Wunder, dass eben dieses Werkzeug der Arbeit so vieler Generationen in narzistischer Selbstbespiegelung, aber auch in heiliger Ehrfurcht vor dem ererbten, immer weiter fortgeführten Werk zum wichtigen Kultobjekt erhoben wurde?“

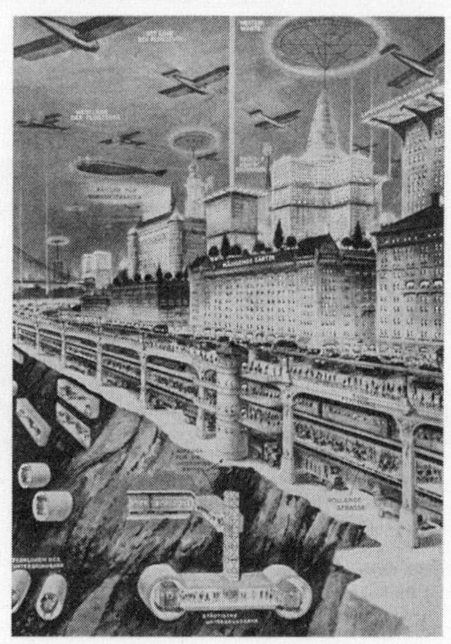

1.40 Jan Piepers Argumentation, die steinerne Stadt selbst sei das ursprüngliche Labyrinth, nach dem man so lang vergeblich gesucht hatte, wäre in einem einzigen Punkt zu ergänzen: Der Bau des urbanen Labyrinths schafft sukzessive eine zweite, komplementäre Architektur, die nicht weniger verwirrend und komplex ist. Denn der Steinbau produziert Steinbrüche; die aufgetürmten Mauern unterirdische Gänge, die desto tiefer in die Erde getrieben werden, je mehr sich die Städte ausdehnen.

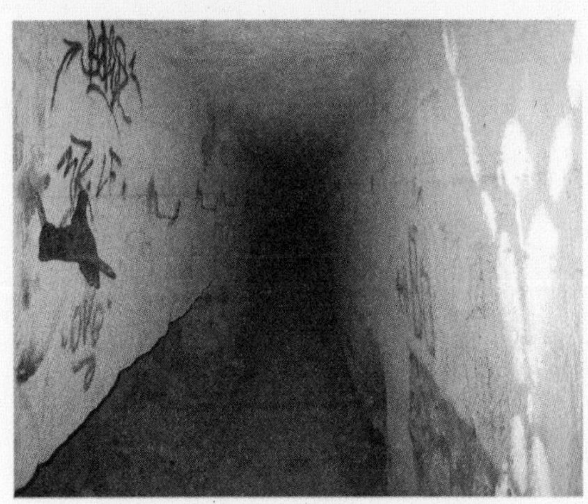

1.41 In der antiken Gedankenwelt verband sich mit Höhlen und unterirdischen Gängen nicht allein die Vorstellung einer finsteren Unterwelt, eines Schattenreichs. Sie galten oft auch als Sitz Leben spendender Kräfte.

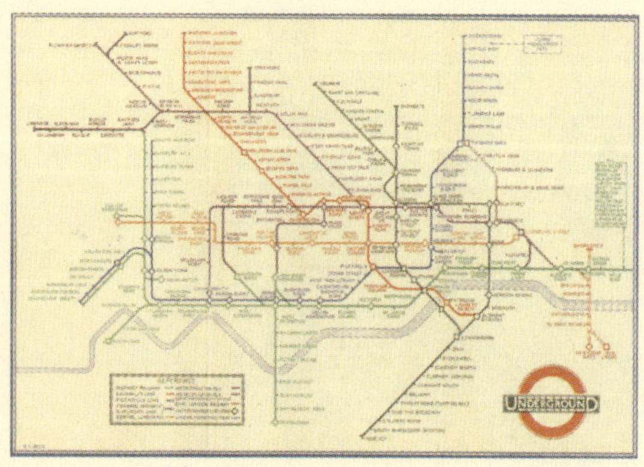

1.42 Ganz in diesem Sinne lassen sich jene urbanen Tunnelsysteme interpretieren, die heute unter vielen Metropolen eine zweite, unsichtbare Ebene der Stadt darstellen. Eine Unterwelt der Infrastrukturen.

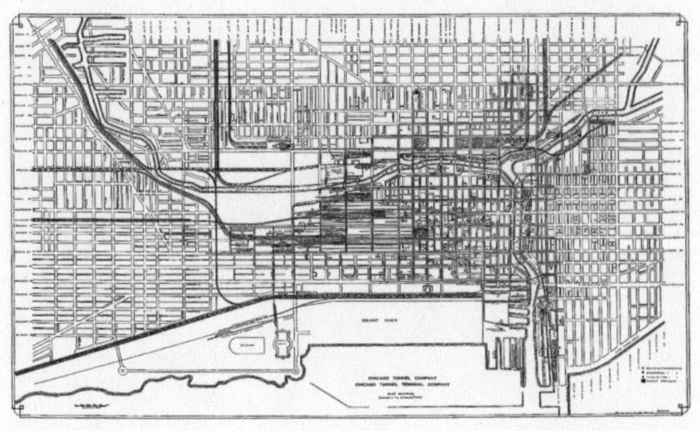

1.43 Chicago zum Beispiel hat ein Tunnelsystem, das acht bis zwölf Stockwerke tief in die Erde reicht. Der Bau der Tunnel begann 1899. Das vollständige System – beinahe jede Straße der Innenstadt war untertunnelt – wurde 1906 fertiggestellt. Die Tunnel waren offiziell nur zur Verlegung von Telefonkabeln freigegeben, aber die Illinois Tunnel Company begann heimlich mit dem Aufbau eines Schienensystems.

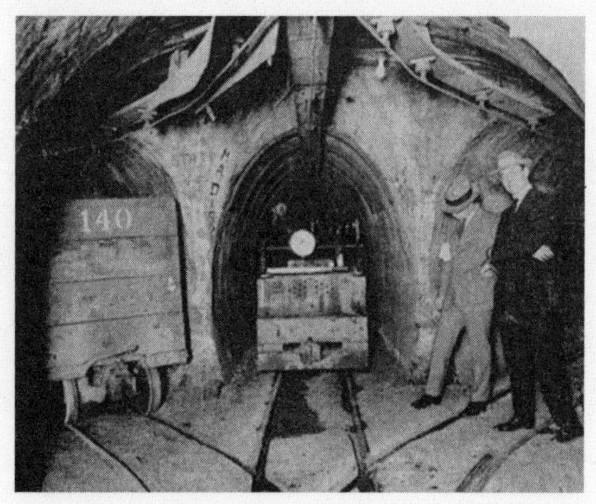

1.44 Dies sind keine U-Bahnen, sondern Bahnen, in denen Waren unterirdisch befördert wurden, durch die aber auch, im Falle eines Streiks, Arbeitskräfte heimlich in die Fabrik gebracht werden konnten. In den 1950er Jahren wurden diese Tunnel stillgelegt. 1992, als das Wasser des Chicago River in das Tunnelsystem einbrach, zeigte sich, dass dort nach wie vor eine „Unterwelt" von sozial Deklassierten lebte.

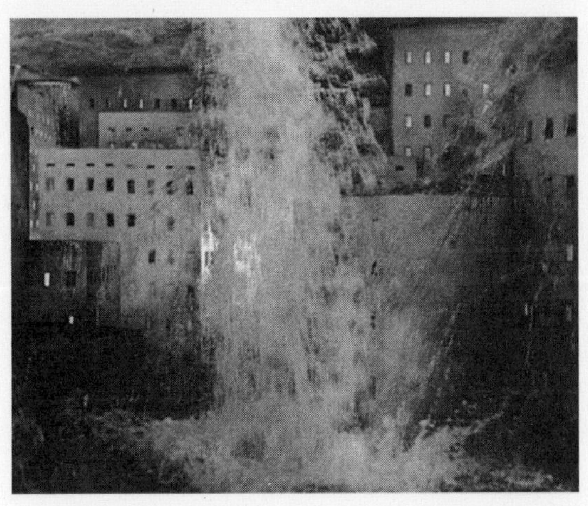

1.45 Die Überschneidungen mit Fritz Langs Filmklassiker „Metropolis“ sind frappierend. Dort gibt es eine ähnliche räumliche Struktur: Tief unter der Erde liegt die Stadt der Arbeiter. Die Ausgebeuteten leben getrennt von den übrigen Stadtbewohnern. Man hat den Eindruck, dass sie nie an die Oberfläche der Metropole gelangen. Am Schluss des Films, wenn die Herzmaschine, das Kraftwerk von Metropolis, von den revoltierenden Arbeitern zerstört wird, läuft die unterirdische Stadt mit Wasser voll und versinkt in den Fluten.

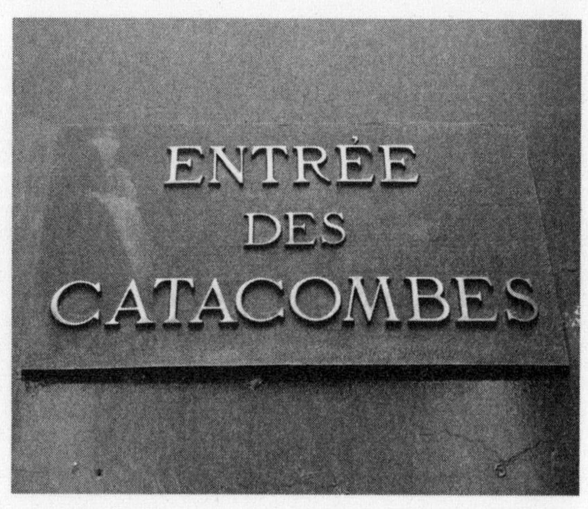

1.46 Auch Paris ist eine Metropole mit einem ausgedehnten unterirdischen Labyrinth. Über einen Zeitraum von 2.000 Jahren lieferte der Untergrund von Paris die Steine, die für den Bau der Stadt notwendig waren. So entstand unter fast allen Pariser Stadtbezirken ein Stollennetz, meist in einer Tiefe von fünf bis 35 Metern. Seine Länge wird auf insgesamt 300 Kilometer geschätzt.

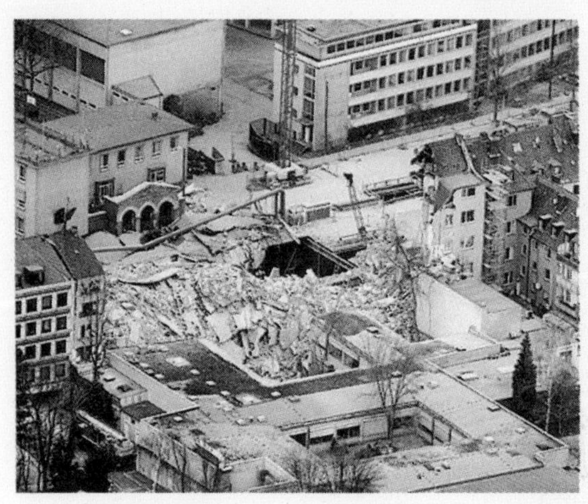

1.47 Ganz Paris ist unterhöhlt. Die unterirdischen Steinbrüche wurden erst im 18. Jahrhundert geschlossen, als der Boden immer wieder nachgab und mehrfach ganze Straßenzüge in die Tiefe rutschten.

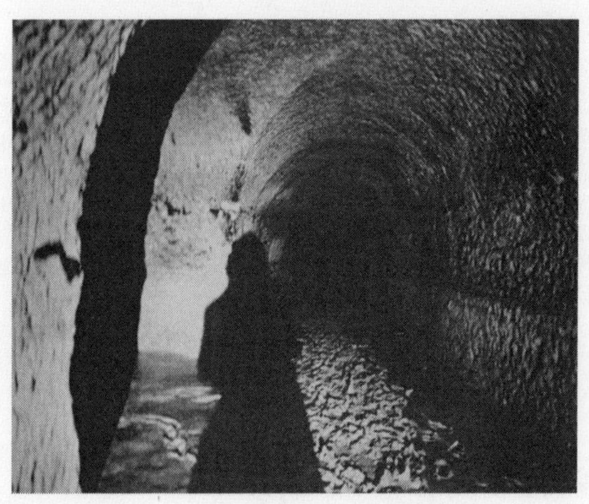

1.48 Ende des 18. Jahrhunderts ergab sich ein weiteres Problem: Die wachsende Bevölkerung sowie Seuchen und Hungersnöte führten zu einer Überfüllung der Pariser Friedhöfe. Die Ruhefristen für Verstorbene verkürzten sich zusehends, weil dringend Platz für neue Tote geschaffen werden musste. Die Exhumierung nur halb verwester Leichen führte zu katastrophalen hygienischen Zuständen. 1779 erstickten angeblich mehrere Bewohner der Rue de la Lingerie am Gestank, der von dem benachbarten „Cimetière des Innocents" herüberwehte. So wurde behördlicherseits verfügt, dass dieser Friedhof zu räumen und zu schließen sei.

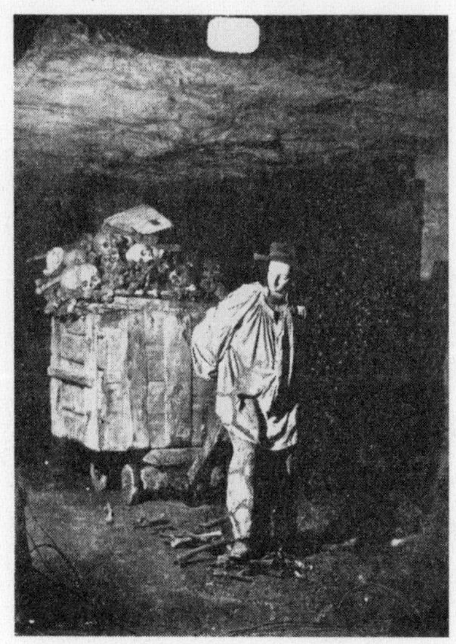

1.49 Die dort exhumierten Gebeine wurden ab 1785 in die Katakomben überführt. Durch einen Schacht in der Avenue du Président-René-Coty wurden sie in die Tiefe versenkt. Später wurden auch die Friedhöfe von Saint-Eustache und Saint-Landry geräumt. Zunächst etwas unorganisiert, begannen die Totengräber schließlich damit, Schädel und Knochen aufzuschichten und ihnen durch bestimmte Anordnung ein dekoratives Element zu verleihen. Gedenktafeln und Holzkreuze kennzeichneten die Herkunftsfriedhöfe.

Insgesamt sollen bis Anfang des 19. Jahrhunderts die Gebeine von circa sechs Millionen Pariser Bürgern in die Katakomben überführt worden sein.

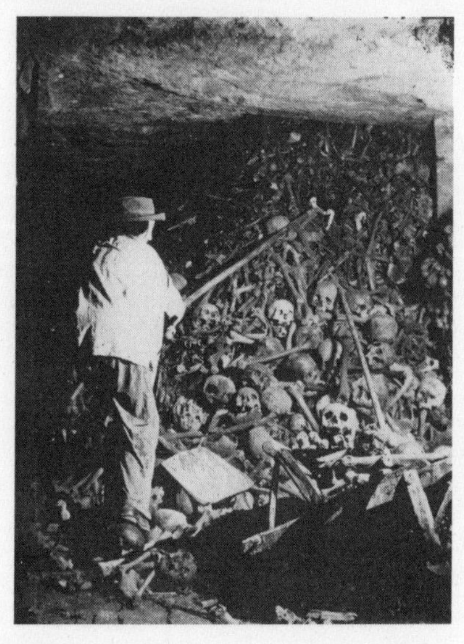

1.50 Eine Stadt unter der Stadt. Bewohnt von den Toten.

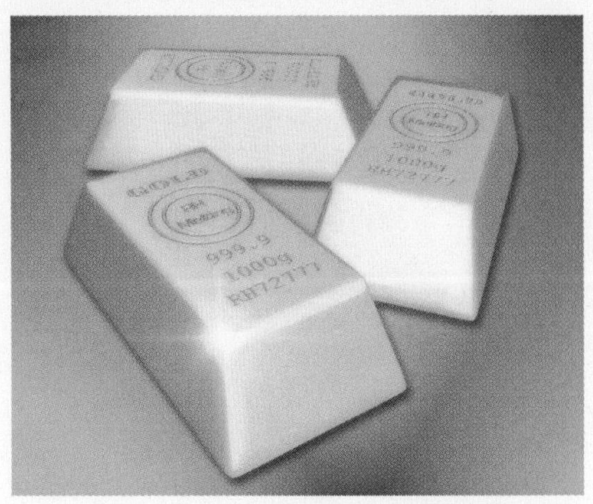

1.51 Heute ist ein kleiner Teil der Katakomben – circa zwei Kilometer – für Besucher zugänglich, die die aufgeschichteten Knochen und Schädel besichtigen können. Der Hauptteil bleibt unzugänglich, zum Teil sind dort Versorgungsleitungen verlegt. Ein Teil der Katakomben gehört der Banque de France, die dort den Goldschatz der französischen Nationalbank untergebracht hat.

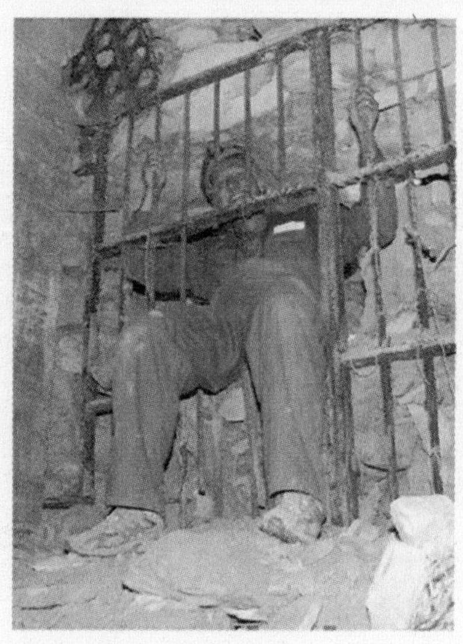

1.52 Künstliche Höhlen gab es bereits in der Antike. Berühmt geworden sind die Steinbrüche von Gortyn. Das gewaltige, künstliche Höhlensystem beflügelte viele Jahrhunderte lang die Phantasien der Labyrinthsucher. Oft wurde darüber gestritten, ob diese Höhlen nun ein Natur- oder ein Menschenwerk seien, oder ob man in dieser Anlage gar das legendäre Labyrinth des Minotaurus sehen müsse.

Manch einer der Reisenden, zum Beispiel der Orientalist Claude-Étienne Savary, benutzte für seine ausgedehnten Erkundungen der Höhlen von Gortyn ein langes Seil, einen „Ariadnefaden“, um wieder sicher ans Tageslicht zurückzukehren.

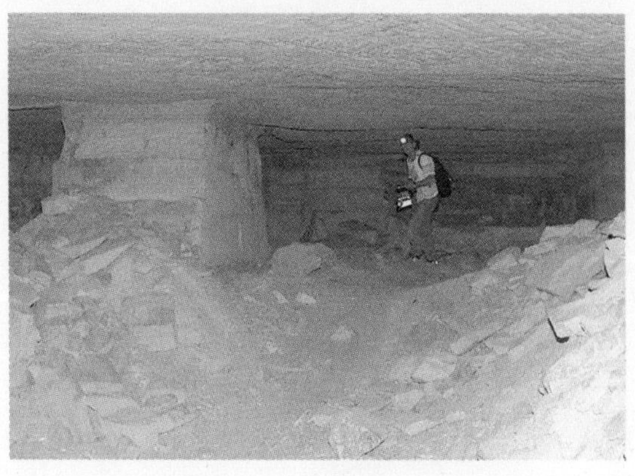

1.53 Aus dem Jahre 1700 stammt der Reisebericht des französischen Botanikers G.P. de Tournefort, der ebenfalls die Höhle von Gortyn besuchte: „Diese Höhle zeichnet sich aus vor allen anderen bekannten Höhlen durch die vielfältigen Wendungen ihrer unterirdischen Gänge, welche auf höchst verwickelte und verworrene Weise nach allen Seiten hin unter dem Hügel fortlaufen, und sich bald in diesem, bald in jenem unterirdischen Saale öffnen. Wer nicht ganz mit dem Inneren dieser Höhle bekannt ist, der findet sich nicht leicht wieder aus den Irrgängen des Labyrinths heraus, weil sie den Fremden nicht nur sehr oft wieder auf den alten Fleck führen, sich selbst oft durchschneiden, und aus einem Raume in den anderen leiten, sondern auch durch lange Zirkel und Schlangengänge in einem ausgebreiteten Umfang herum führen, daher aufhalten und ermüden.“

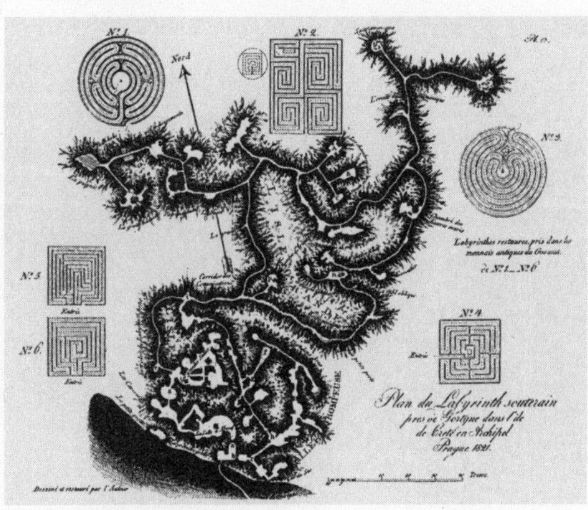

1.54 Anfang des 19. Jahrhunderts waren die Steinbrüche von Gortyn ein besonderes Reiseziel. Zu dieser Zeit gab es in Europa einen wahren Höhlentourismus, der zum Teil Züge eines Pilgerwesens hatte. Das ist der Plan eines deutschen Kreta-Reisenden, der den gewaltigen Steinbruch von Gortyn 1823 kartografierte.

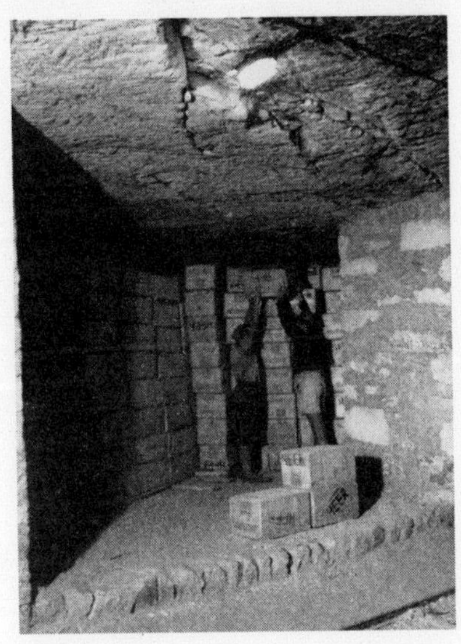

1.55 Ein Jahrhundert später machte die deutsche Wehrmacht die vermeintliche Höhle des Minotaurus zum Munitionsdepot.

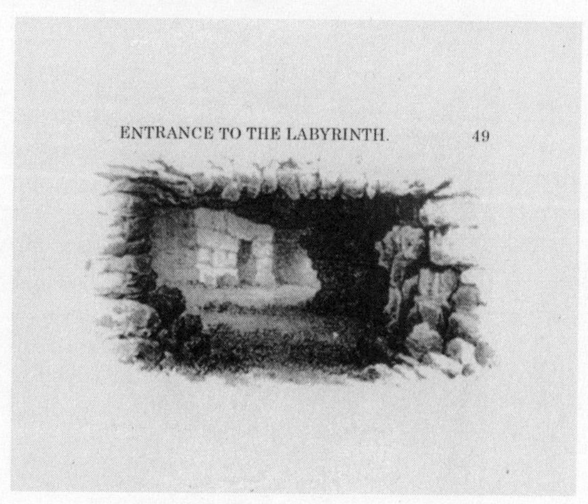

1.56 Das ist der Eingang des Labyrinths von Gortyn …

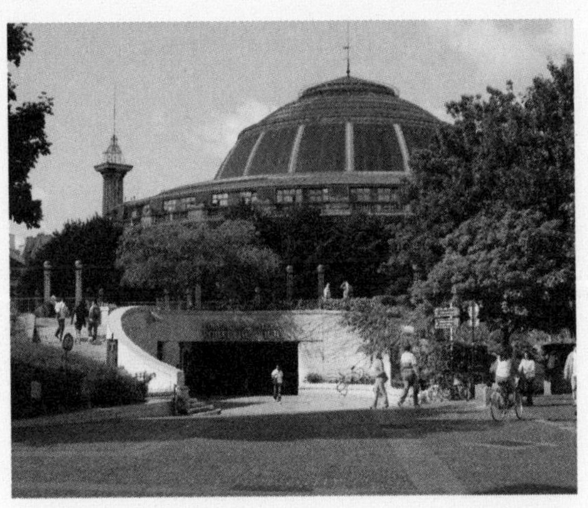

1.57 ... und das der Eingang des Forum des Halles in Paris. Ein Einkaufs- und Freizeitzentrum, das komplett unter der Erde liegt. In gewisser Weise also auch ein unterirdisches Labyrinth. Die Geschäfte und Restaurants sind hier auf drei Etagen um einen 13 Meter tiefen Krater angeordnet, der auch im dritten Untergeschoss noch für Tageslicht sorgt. Im westlichen Teil der Anlage befinden sich 26 Kinosäle mit großer Filmauswahl sowie das größte Schwimmbad der Pariser Innenstadt.

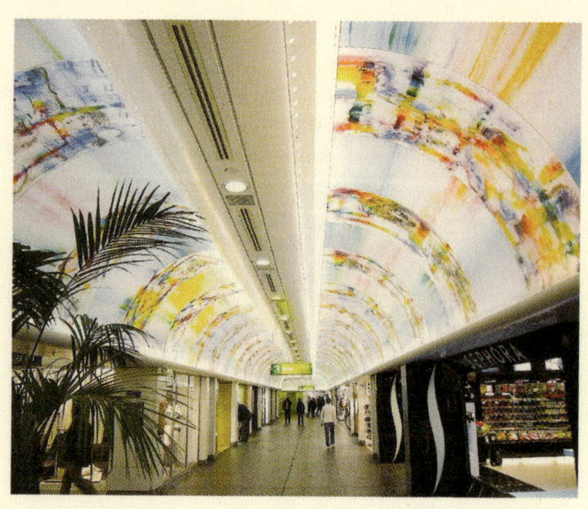

1.58 Reiseführer preisen das Forum des Halles als idealen Ort für Regentage an. Man könnte es als gezähmtes Labyrinth bezeichnen: aufeinandergeschichtete Gänge, Plattformen, hängende Gärten. Ein verdichteter Raum, in dem die verschiedensten Funktionen der Stadt auf kleinster Fläche kombiniert sind. Aber auch ein kontrollierter Ort, dessen Zugänge klar definiert sind; ein Ort des Warenumschlags, der Ökonomie. Ein Ort, an dem die überraschende Begegnung vom Spektakel abgelöst wurde.

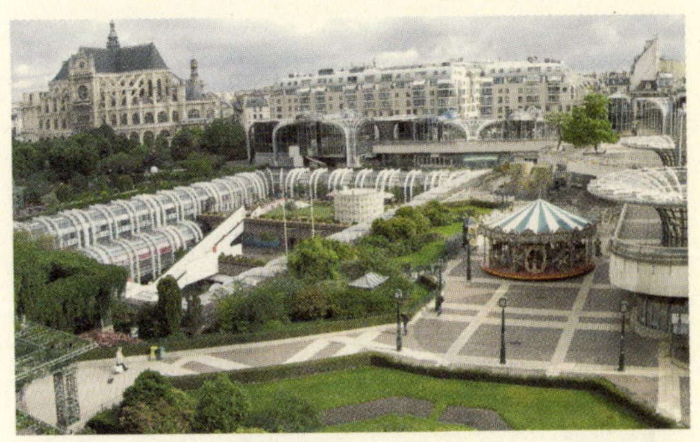

1.59 Oberirdisch ist das Forum des Halles heute ein Park, der „Jardin des Halles“. Ein Karussell soll für urbanen Flair sorgen. Das ist die Rekonstruktion urbaner Lebendigkeit, wie Stadtplaner sie sich vorstellen.

Ein überdachter Markt existierte an dieser Stelle bereits seit dem Jahr 1183. Unter König Philipp II. August baute man hier die ersten beiden Markthallen. Im Laufe der Zeit wurde die Anlage um weitere Hallen ergänzt. Ein wahrer Flickenteppich von Hallen entstand; hier wurden Tiere geschlachtet, hier boten Schuhmacher und Tuchhändler ihre Waren an. Die Hygiene ließ in den Markthallen oft zu wünschen übrig.

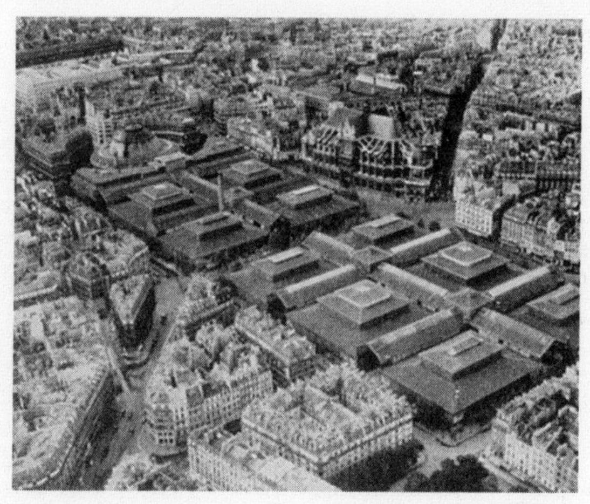

1.60 Napoleon III. errichtete schließlich nach dem Vorbild des Gare de l'Est neue Markthallen, welche an eiserne Regenschirme erinnern sollten. Ganze zehn Pavillons sollten das Markttreiben wind- und wetterfest machen und die Versorgung der Metropole sichern. In den Hallen hatten Obst- und Fischhändler ihre Stände, in ihnen wurde weiterhin geschlachtet und Fleisch sowie Käse und Milch angeboten. Schon damals gab es ein unterirdisches Geschoss, das ebenfalls dem Verkauf diente. Bistros siedelten sich in den Markthallen an. Es gehörte schon fast zum guten Ton, eine nächtliche Vergnügungstour durch Paris mit einem Frühstück in den Hallen enden zu lassen.

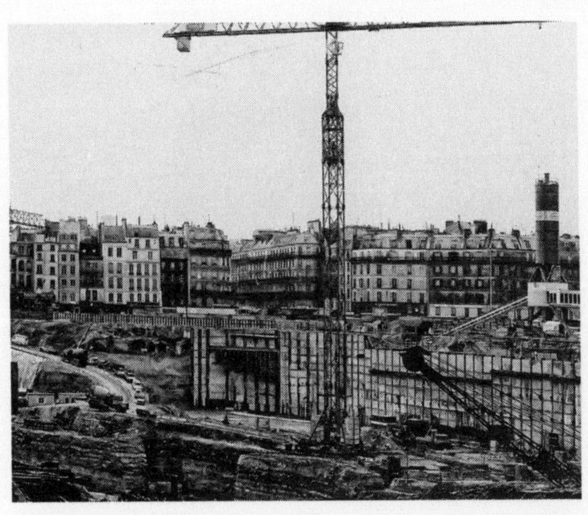

1.61 Der französische Wirtschaftswissenschaftler Jacques Attali schreibt in seinem Buch „Wege durch das Labyrinth", dass das Lebendige ein Mäander sei und keine Linie.

Besteht aber nicht seit dem 19. Jahrhundert ein wesentliches Ziel von Stadtplanung darin, die Gerade im urbanen Raum durchzusetzen und die Mäander auszuradieren? Les Halles ist das beste Beispiel dafür, wie die Intention, den städtischen Raum zu homogenisieren und zu bereinigen, Schritt für Schritt vorangetrieben wurde.

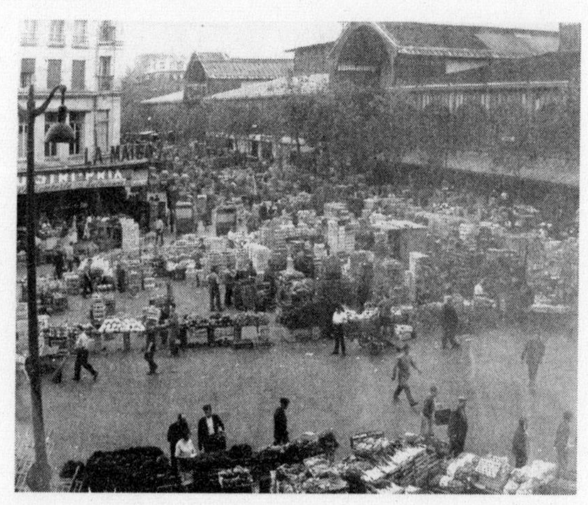

1.62 Der urbane Raum muss auch 3.500 Jahre nachdem die Griechen erstmals mit einer städtischen Kultur in Berührung kamen, für diejenigen, die ihn zu regieren versuchen und die eine Ordnung in ihm durchzusetzen bemüht sind, etwas schockierendes sein.

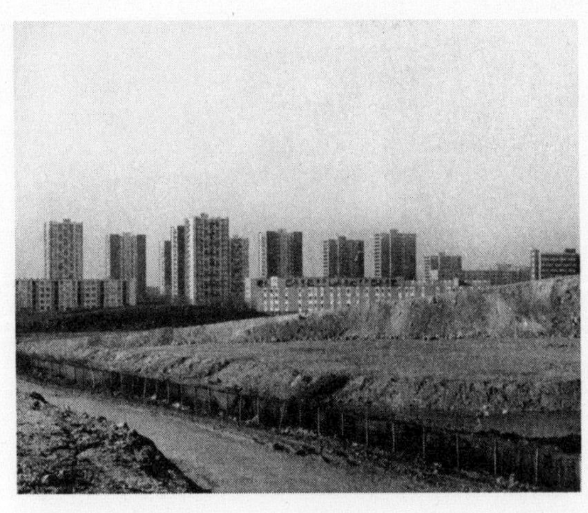

1.63 Die Großmarkthallen, der „Bauch von Paris“, wie der Romancier Émile Zola sie genannt hatte, sollten in den 1960er Jahren aus dem Zentrum der Metropole verschwinden. 1969 erfolgte die Verlagerung des Großmarkts in die Banlieue, Les Halles wurden abgerissen. An ihrer Stelle entstand die erste Shoppingmall Frankreichs.

Selbst der Bauschutt der Hallen wurde in die Banlieue abtransportiert. Am Rande von Saint-Denis im Parc de La Courneuve wurden die riesigen Abraummengen von Les Halles 1972 zu einer künstlichen Landschaft aufgeschüttet.

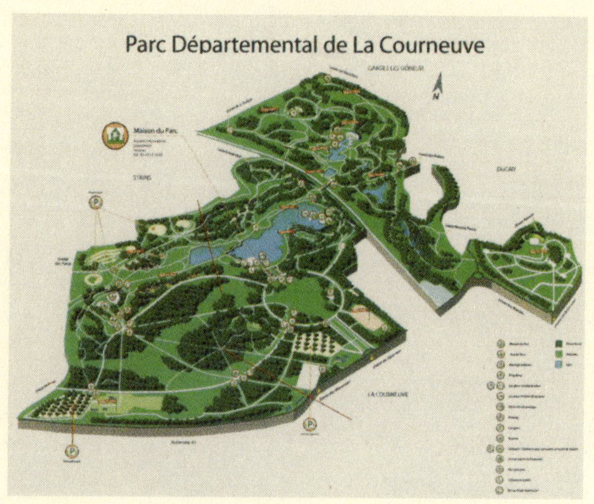

1.64 Die Überreste des „Bauchs von Paris“ wurden zu einem 40 Meter hohen Hügel aufgetürmt. Außerdem entstand eine Kette von Seen auf unterschiedlichen Höhenniveaus.

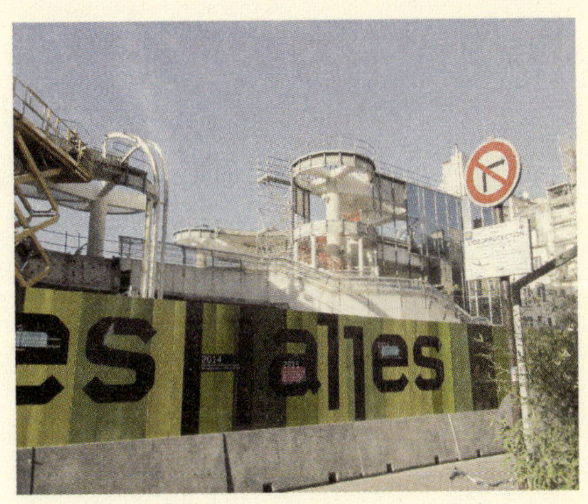

1.65 Als ich letzten Herbst in Paris war und vom Centre Pompidou zum Forum des Halles lief, glaubte ich meinen Augen kaum zu trauen. Das Forum wurde abgerissen. Einen Teil der großen Schirme aus Stahl und Glas hatten die Abrissbagger bereits beseitigt. Der Blick auf den Jardin des Halles war durch einen hohen grünen Zaun stark eingeschränkt. „Hier entsteht das neue Herz von Paris“, stand groß auf dem Zaun.

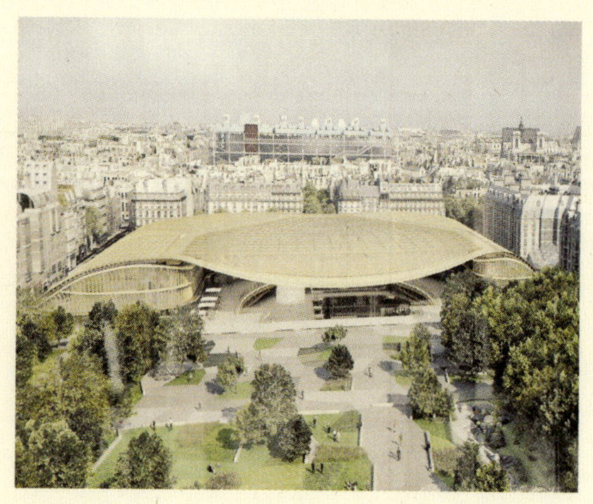

1.66 Im Internet sah ich später einen 3D-Film, der das Projekt anpreiste: Alles, was an der Anlage aus den 1970er Jahren verwirrend und unübersichtlich war, schien nun in der Neugestaltung geglättet – zumindest wollte die Animation diesen Eindruck vermitteln.

1.67 Aber wenn wir eine Metropole wie Paris als Ort labyrinthischer Erfahrung betrachten wollen, dann genügt es nicht, sich auf das Zentrum zu konzentrieren. Im antiken Knossos war der Ort des Unheimlichen das pulsierende, schlingende und speiende Zentrum. In der Figur des Minotaurus hat dieses Zentrum in der Fantasie der Griechen seine Verkörperung gefunden. In der europäischen Stadt hätte Minotaurus heute seinen Platz längst nicht mehr im Zentrum des Labyrinths, sondern an der Peripherie, in der Zone der Ausgeschlossenen, dort, wo die „gefährliche Klasse" – Arbeitslose, Migranten, „unzuverlässige Subjekte" – leben.

Wir müssen also dem Bauschutt der alten Markthallen folgen, dorthin, wo der „Bauch von Paris" zu einer künstlichen Parklandschaft aufgeschüttet wurde.

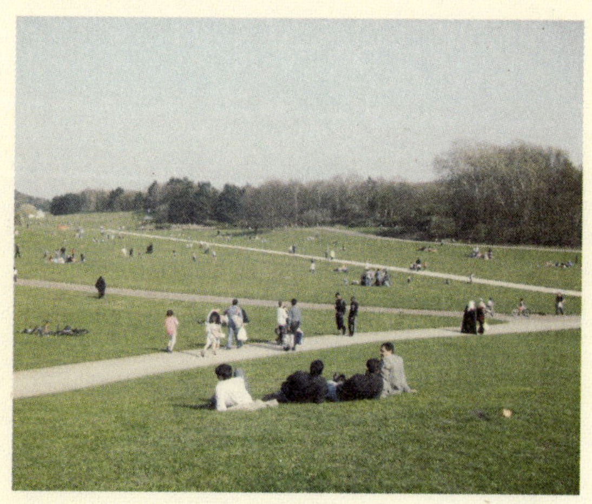

1.68 In Frankreich verbindet sich das alles mit dem Schlagwort „Banlieue“. Das sind große Siedlungen oder Kommunen am Rande von Metropolen. Die Peripherie nimmt seit dem 19. Jahrhundert alles auf, was aus den Zentren herausgedrängt wurde: Großmärkte, Gasfabriken, Militärgelände, Verschiebebahnhöfe, Kläranlagen, Müllhalden sowie viele große Industriekomplexe.

In den 1960er Jahren entstanden vielerorts in den Banlieues große Wohnsiedlungen – Schlafstädte für die Arbeiter. Sie waren funktional und schmucklos, boten aber modernen Komfort im Vergleich zu den elenden Wohnbedingungen, mit denen vor allem viele der Zuwanderer aus dem früheren französischen Nordafrika vorlieb nehmen mussten, die in Kellerwohnungen, abbruchreifen Häusern oder in Baracken zwischen Schrotthalden am Rande der Großstädte hausten.

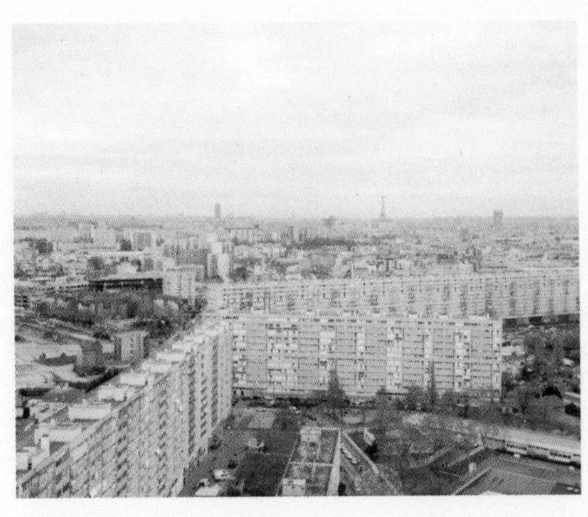

1.69 Saint-Denis bei Paris zum Beispiel hat heute circa 90.000 Einwohner, ein Drittel davon ist ausländischer Herkunft, wobei die größten Gruppen Maghrebiner, Algerier, Portugiesen und Schwarzafrikaner bilden. Bis Mitte der 1970er Jahre war Saint-Denis eine der industriell aktivsten Zonen Europas.

Seitdem sich die Beschäftigung aber auf den tertiären Sektor verlagert, sind Teile der Stadt verarmt. Bereits 1971 kam es hier das erste Mal zu sozialen Unruhen. Die anfangs recht attraktiven Neubauviertel „kippten“, nachdem wohlhabendere Einwohner wegzogen und Arme und Migranten die Mehrzahl bildeten. Seit den 1980er Jahren ist Saint-Denis mehr und mehr zu einem Experimentierfeld für Sozialarbeit und neue polizeiliche Konzepte geworden.

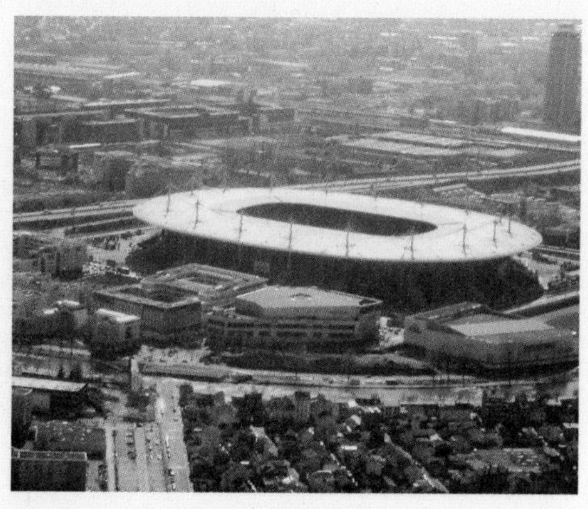

1.70 Zum einen versucht der französische Staat, die sozialen Probleme durch Stadtentwicklungsprogramme in den Griff zu bekommen. Die vielfältigen Aktivitäten im Parc de La Courneuve sowie der Bau des Stade de France in Saint-Denis sind dafür Beispiele. Das Stadion wurde 1998 zur Fußball-Weltmeisterschaft eingeweiht. Die Équipe Tricolore, die französische Nationalmannschaft, gewann dort den Titel.

Als symptomatisch kann gelten, dass man im Internet nur sehr wenige Bilder findet, die das Umfeld des Stadions zeigen. Meist wirkt es wie eine fliegende Untertasse, die irgendwo zufällig gelandet ist.

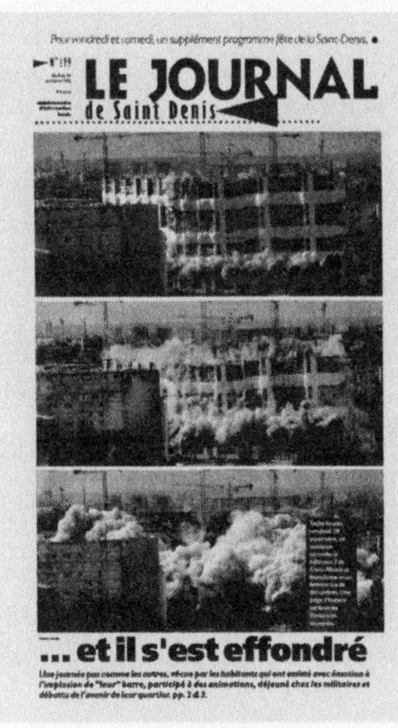

Pour vendredi et samedi, un supplément programme fête de la Saint-Denis.

LE JOURNAL de Saint Denis

... et il s'est effondré

Une journée pas comme les autres, vécue par les habitants qui ont assisté avec émotion à l'implosion de "leur" barre, participé à des animations, déjeuné chez les militaires et débattu de l'avenir de leur quartier. pp. 2 & 3.

1.71 Zum anderen demonstriert der französische Staat in den Banlieues offen seine Macht. Wenn es um Kriminalität, Exklusion, Arbeitslosigkeit, Unsicherheit, Drogen, Ghettos geht, dann muss die Banlieue als Aufhebung der urbanisierten Welt herhalten. Nachdem der Staat die sozialen Probleme erst in der Peripherie geballt hat, versucht er seine Veranwortlichkeit für diese „sensiblen Zonen“ durch die Stigmatisierung ihrer Bewohner zu überspielen. So wurden im Stadtteil La Corneuve 1998 mehrere Hochhausblöcke gesprengt, was live im Fernsehen übertragen wurde. Das Ziel dieser medialen Inszenierung war zu zeigen, dass man über die Mittel verfügt, einen sozialen Brennpunkt verschwinden zu lassen. Die Unruhen im Herbst 2005 sind ein sichtbares Zeichen dafür, dass diese Symbolpolitik gescheitert ist.

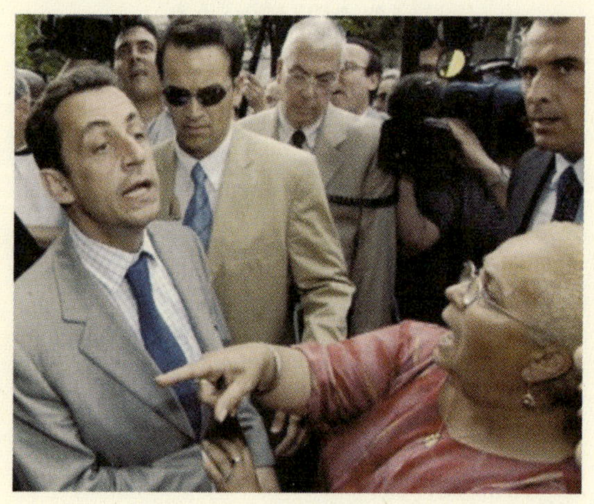

1.72 Bei einem Besuch in La Corneuve äußerte Nicolas Sarkozy, damals französischer Innenminister, jenen Satz, der während der Banlieue-Unruhen 2005 häufig zitiert wurde, dass man diese Städte mit dem Kärcher säubern solle: „On va nettoyer la cité [...] au Kärcher“.

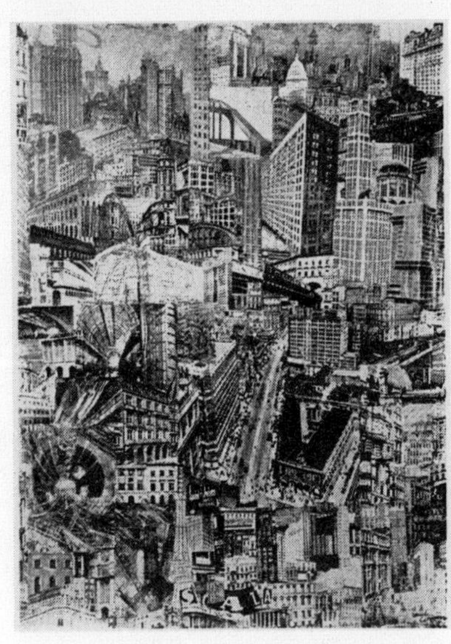

1.73 Der gesäuberte Raum, jenes Gegenbild zum Urbanen, das immer ein Raum der Verdichtung und der Unterschiedlichkeiten bleiben wird, ist eine Problematik, die in vielen Projekten der beiden belgischen Architekten Kersten Geers und David Van Severen aufscheint, die gemeinsam unter dem Label OFFICE arbeiten. Oft wirken ihre Entwürfe wie Labyrinthe. Genauer: wie provisorische Labyrinthe, bei denen die Außengrenzen zwar durch hohe Mauern klar definiert sind, deren Innenraum aber seltsam „ungeregelt“ bleibt, ein Feld unlokalisierbarer Relationen.

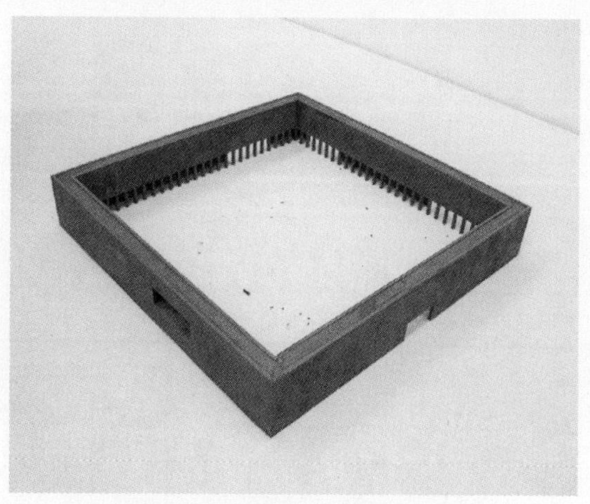

1.74 Im Jahr 2007 entwickelte OFFICE das Projekt „Cité de Réfuge“, das für die spanische Enklave Ceuta auf marokkanischem Boden geplant war. Allerdings ist dieser Entwurf eine Idee, die nur auf dem Papier existiert. Die Flüchtlingsstadt im Niemandsland zwischen Ceuta und Tanger sollte aus einem riesigen leeren Platz bestehen, der von einer hohen Mauer umfasst ist. Am Rand dieses architektonischen Leerraums sollen alle Infrastrukturen, die für einen Grenzübertritt notwendig sind, untergebracht werden: Büros, Läden, Hotels.

Die Architektur dieser Stadt würde mit ihren hohen Mauern selbst eine Grenze schaffen, einen Raum schützender Geschlossenheit, der aber keinerlei Lösung anbietet, keine Bewegung vorzeichnet.

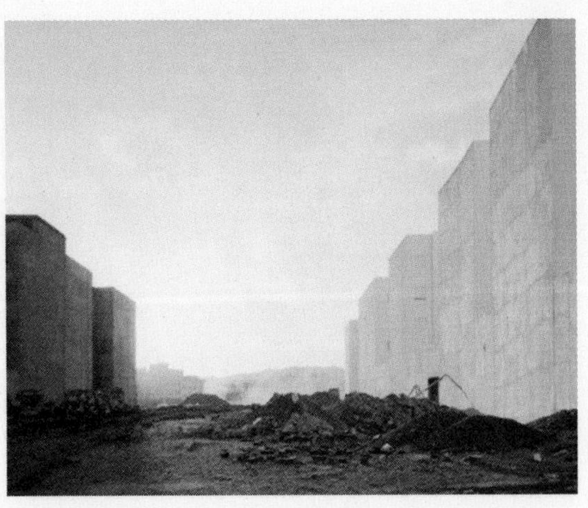

1.75 Auf den ersten Blick steht „Cité de Réfuge“ in einem starken Kontrast zu jenen improvisierten Lagern, die im Nordosten Marokkos in der Nähe der spanischen Exklaven Melilla und Ceuta bereits existieren. Schaut man genauer hin, bietet sie nur eine andere Umgebung, ohne die Situation, die nur mit politschen Mitteln geändert werden könnte, zu verändern.

Ähnlich wie die selbstgebastelten Lager wäre auch die „Cité de Réfuge“ ein Ort, an dem sich die Migranten, teilweise unter schwierigsten Bedingungen, selbst organsieren müssen. Schwarzafrikanische Migranten, die gewissermaßen im Offenen einer deregulierten Rechtslage oder unter dem Eindruck von Indifferenz oder von Korruption der staatlich-polizeilichen Instanzen in ihrer Bewegung auf- und angehalten werden.

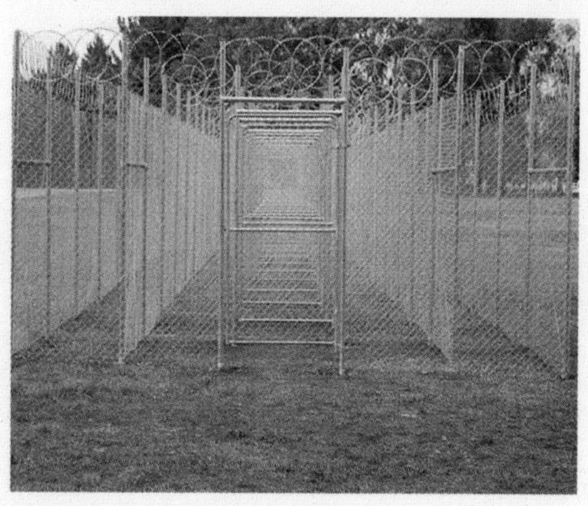

1.76 Der Soziologe Georg Simmel schrieb 1905 in seinem Exkurs über den Fremden: „Wenn das Wandern als die Gelöstheit von jedem gegebenen Raumpunkt der begriffliche Gegensatz zu der Fixiertheit an einem solchen ist, so stellt die soziologische Form des ‚Fremden' doch gewissermaßen die Einheit beider Bestimmungen dar – freilich auch hier offenbarend, dass das Verhältnis zum Raum nur einerseits die Bedingung, andererseits das Symbol der Verhältnisse zu Menschen ist.

Es ist hier also der Fremde nicht in dem bisher vielfach berühmten Sinne gemeint, als der Wandernde, der heute kommt und morgen geht, sondern als der, der heute kommt und morgen bleibt – sozusagen als der potenziell Wandernde, der, obgleich er nicht weitergezogen ist, die Gelöstheit des Kommens und Gehens nicht ganz überwunden hat."

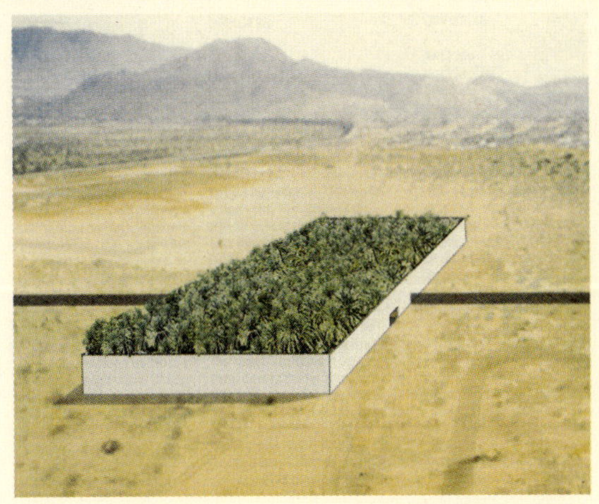

1.77 Auch das zweite Labyrinth von Kersten Geers und David Van Severen, das ich hier vorstellen möchte, ist in eine Grenzsituation eingebettet. Das Projekt OFFICE15 ist der Vorschlag für einen Grenzübertritt an der endlos scheinenden Demarkationslinie zwischen Mexiko und den USA. Eine neun Meter hohe Mauer definiert hier ein Niemandsland zwischen zwei Staaten.

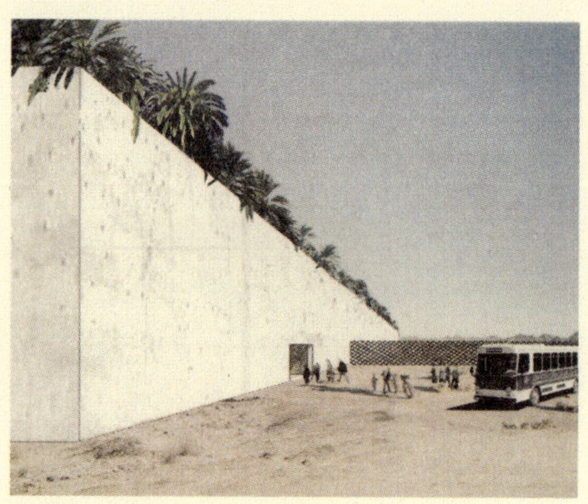

1.78 Im Inneren sorgen Palmen, die in gleichmäßigen Abständen gepflanzt sind, für eine schattige Atmosphäre.

Die Pavillons für die Passkontrolle sind in diesen gartenartigen Raum eingestreut. Ein absurder Ort, ein ummauerter Raum mitten in der Wüste, ein Labyrinth, in dem man mit den eigenen Träumen konfrontiert ist und mit der Frage, wohin man gehen soll. Weg von Orten, an denen man nicht bleiben will, hin zu Orten, an denen man gerne sein möchte. Aber was könnte ein solcher Ort sein? In dieser kargen Landschaft wird die Grenze selbst zum einzigen Ziel. Das Wohin bleibt offen.

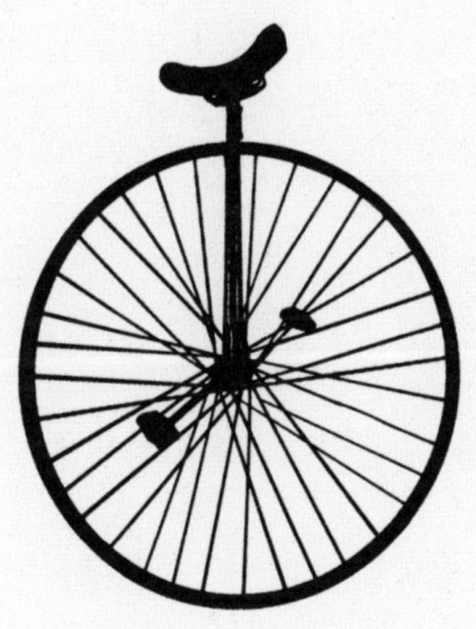

SPIEL / KONTROLLE

(2)

Von Theseus,
dem Helden
zu „Theseus“,
der Maus
von SANCTA ECLESIA
zum „Garten der Pfade, die sich verzweigen“
von IKEA zu S.T.A.L.K.E.R.
vom Hand-Orakel zum Mai 68
einmal quer über das ganze Feld.

Vortrag: Johannes Kirsten
Galerie für Zeitgenössische Kunst Leipzig
20. Oktober 2010, 19 Uhr

[Licht aus.]

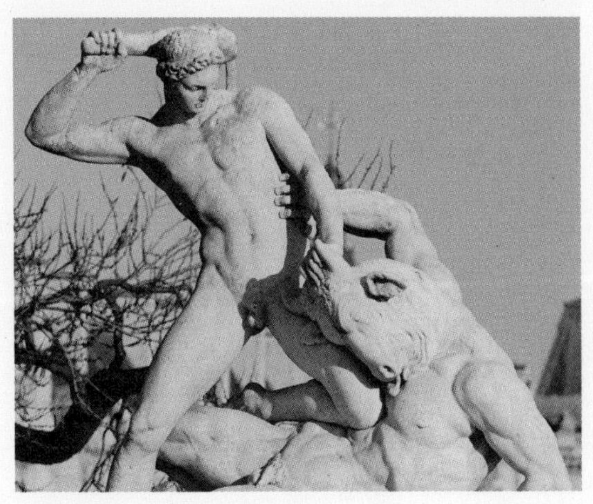

2.01 Theseus, der Held.

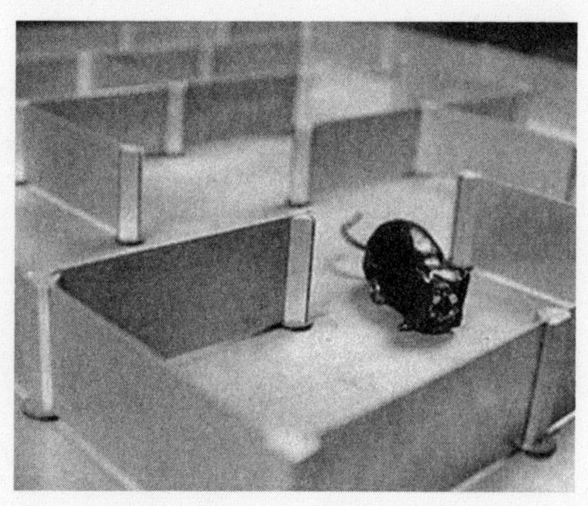

2.02 „Theseus“, die Maus.

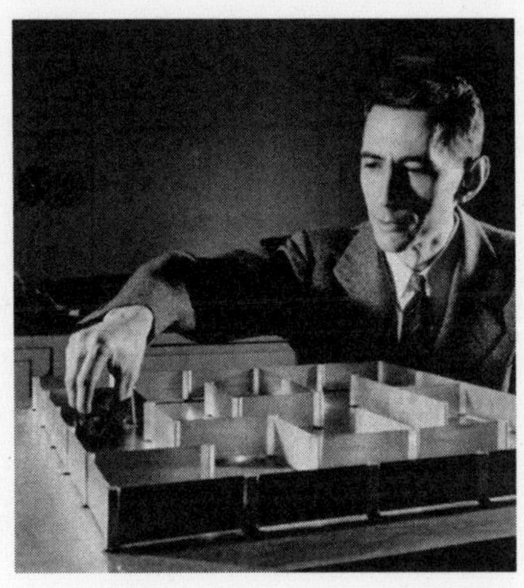

2.03 „Theseus“, die mechanische Maus, lebte in den Bell Labs in Murray Hill, New Jersey. Claude Shannon, ihr Erfinder, war ein Pionier des Informationszeitalters. Shannon nannte seine Maus „Theseus“, nach dem Helden der griechischen Sage.

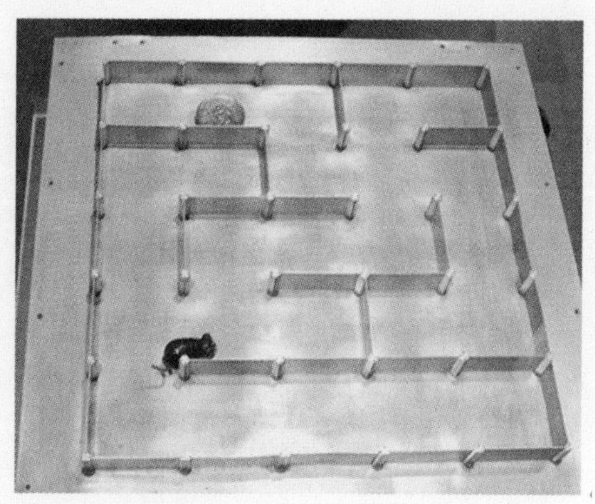

2.04 Allerdings war „Theseus“, die Maus, schlauer als Theseus, der Grieche. Sie brauchte keinen Ariadnefaden, um aus dem Labyrinth zu gelangen. Das Prinzip von Versuch und Irrtum sowie die gespeicherte Information der bereits zurückgelegten Wegstrecken genügten ihr, um selbstständig den Ausgang aus dem blechernen Gefängnis zu finden.

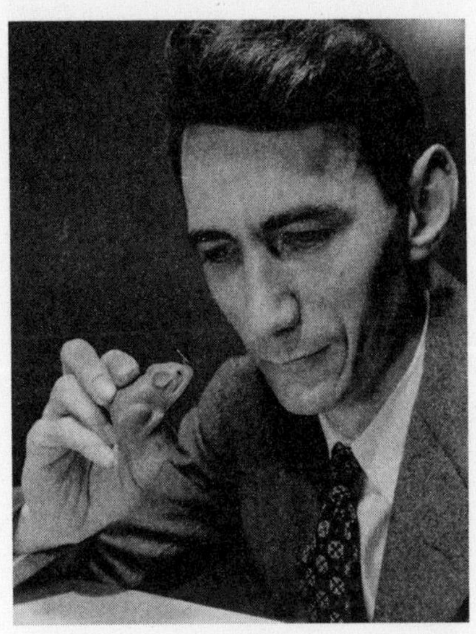

2.05 „Theseus“ gilt heute als eine der ersten selbstlernenden Maschinen – und sie ist der Prototyp einer neuen Art des Datenverkehrs.

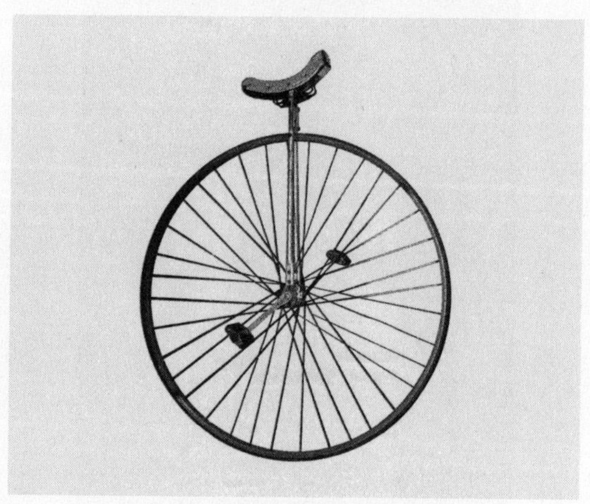

2.06 „Theseus", die Maus, ist nicht das einzige Spielgerät, das Claude Shannon erfand, um bestimmte Probleme der Informationstheorie darstellbar zu machen. Als Mathematiker und Ingenieur hatte Shannon ein Faible für diese Art Spielzeug – es ist angewandte und zweckfreie, reine Wissenschaft zugleich. Berühmt geworden sind die Einräder, die er selbst konstruierte und mit denen er auf den Gängen der Bell Labs herumfuhr. Das Einrad war für Shannon eine Metapher für Steuerung. Einradfahrende jonglierende Maschinen – das Ideal seiner Informationstheorie.

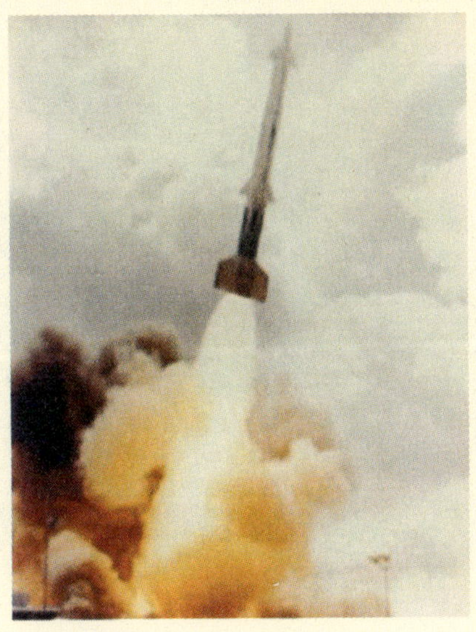

2.07 Wenn Alan Turing ein Held des Zweiten Weltkrieges war, dann war Shannon ein Held des Kalten Krieges. Er hat die elektronische Verteidigungslinie des amerikanischen Staates durch seine Informationstheorie erst möglich gemacht. Ohne Shannons theoretischen Input wäre das elektronische System „Nike", eine mit Radar nachsteuerbare Abwehrrakete, in den 1950er Jahren nicht realisierbar gewesen. Das Problem, das Shannon löste, bestand darin, mehr als nur eine Flugbahn vorausberechnen zu können. Denn die Abwehrraketen mussten in der Luft auf Ausweichmanöver reagieren. Es ging um das Beschreiben, Modellieren, Berechnen höchst komplizierter Wechselwirkungen, um sichere Steuerung und um „Control".

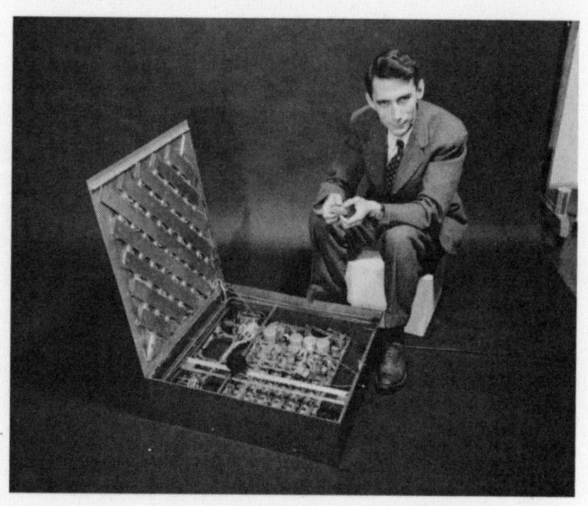

2.08 Um Kontrolle geht es auch bei „Theseus", jener „Maschine zur Lösung des Labyrinth-Problems", die Claude Shannon Anfang der 1950er Jahre auf jenen berühmten Kybernetikkonferenzen vorführte, die die Josiah Macy Jr. Foundation organisierte. Shannon demonstrierte, wie das Labyrinthproblem maschinell, also ohne das Zutun des Menschen, lösbar ist.

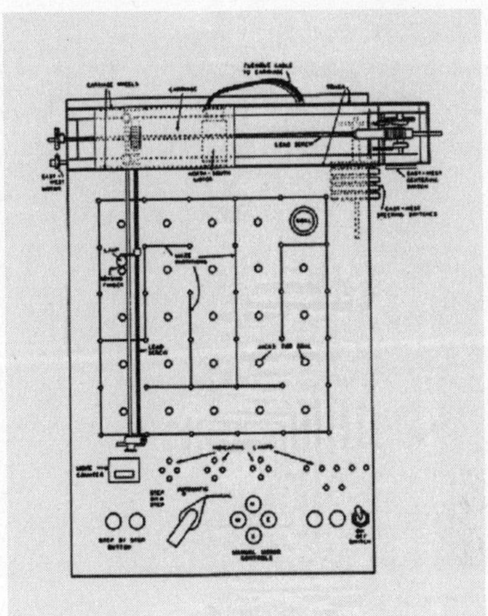

2.09 Sein Labyrinth unterteilte Shannon in 25 Quadrate. Die Zwischenwände können vom Experimentator beliebig verändert werden. Der motorisierte Sucher, dem Shannon die Form einer Maus gab, wird von einem Sensor oder von einem unter dem Labyrinthboden geführten Magneten gesteuert. Tastend bewegt sich die Maus von Feld zu Feld. Mit ihren kupfernen Schnurrbarthaaren berührt sie die Aluminiumwände des Irrgartens.

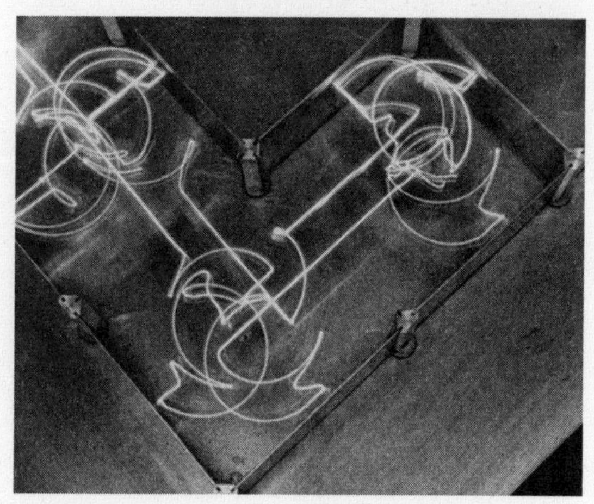

2.10 Immer, wenn sie ein nächstes Feld ungehindert betreten kann, wird die Richtung gespeichert; hält eine Wand dagegen die Maus auf, versucht sie, in eine andere Richtung auszuweichen. Die Maus findet autonom, das heißt selbstgelenkt, ihr Ziel. Das gelingt ihr, weil Shannon ihr als Informationstheoretiker, ganz ähnlich wie später bei den US-amerikanischen Flugabwehrrakten, eine Entscheidungsfunktion implementierte, die auf einer Steuer- und einer Zielstrategie fußt. Die Maus greift auf die bereits gespeicherten Richtungsinformationen zurück und findet das Ziel, ganz egal, an welcher Stelle man sie in das Labyrinth hineinsetzt.

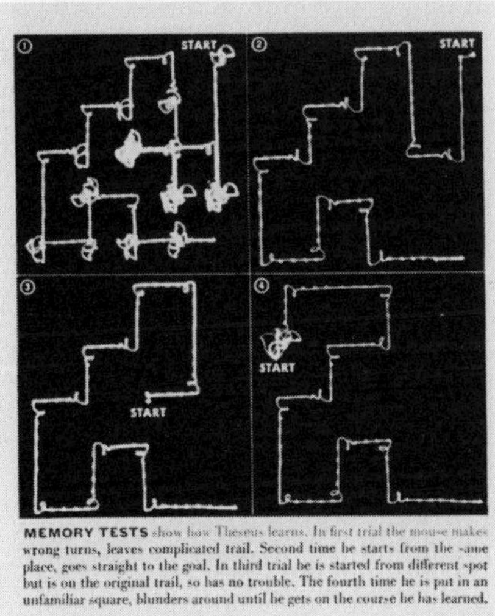

MEMORY TESTS show how Theseus learns. In first trial the mouse makes wrong turns, leaves complicated trail. Second time he starts from the same place, goes straight to the goal. In third trial he is started from different spot but is on the original trail, so has no trouble. The fourth time he is put in an unfamiliar square, blunders around until he gets on the course he has learned.

2.11 In diesem Zeitungsartikel, der im Juli 1952 im Life-Magazine publiziert wurde, erkennt man sehr gut das Bewegungsschema der Maus, die sich zu orientieren versucht. Platziert man sie an eine von ihr noch nicht betretene Stelle oder verändert etwas am Labyrinth, so wendet sie wieder den Such-Algorithmus an und durchläuft die Route entlang der gespeicherten Information.

An diesen Bildern wird sehr gut deutlich, wie Shannons elektromagnetischer „Theseus“ lernt und den Ausweg schon beim zweiten Mal auf kürzestem Weg bewältigt. Schaltet man allerdings die Relais aus, ist alles, was er an Information abgespeichert hat, wieder gelöscht.

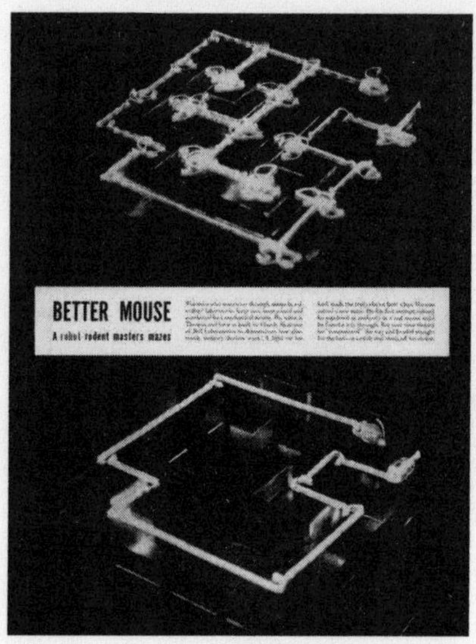

2.12 Der Algorithmus der Maus funktioniert ähnlich wie ein Routing-Verfahren in Telefonnetzwerken. Telefonieren zwei Teilnehmer, beispielsweise zwischen der West- und Ostküste, muss in einem automatisierten Vermittlungssystem eine freie Verbindung gesucht und gefunden werden. Zusammen mit dem Protokoll TCP/IP ist Shannons Maus damit der Prototyp des Datenverkehrs des späteren Internets. Heute sucht sich jede Email, jede Kurznachricht, jedes Datenpaket einen Weg durch ein Labyrinth weltweit vernetzter Server.

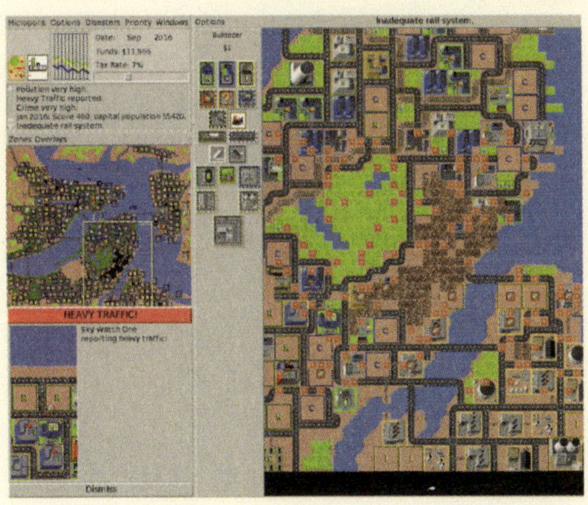

2.13 Der Computerpionier Claude Shannon, der Ende der 1940er Jahre die Bezeichnung „Bit" („binary digit") für die kleinste Informationseinheit prägte, bastelte seit den 1940er Jahren auch an portablen Computerspielen. 1949 implementierte er auf einem programmierbaren Relaiscomputer eine algorithmische Schachspielsituation. Sein „Caissac" war einer der ersten digitalen Spielcomputer der Technikgeschichte. Vier Jahre später baute Shannon auch die erste Computerspielkonsole „3-Relay Kit" und entwickelte die Einstellungen für mehr als 50 auf diesem einen Gerät zu spielende Spiele.

Dass viele Computerspiele nichts anderes sind als Orientierungsaufgaben im digitalen Raum, dass der Spieler durch sie lernt, sich im Labyrinth des Cyberspace zu bewegen, darauf werden ich später noch einmal zurückkommen.

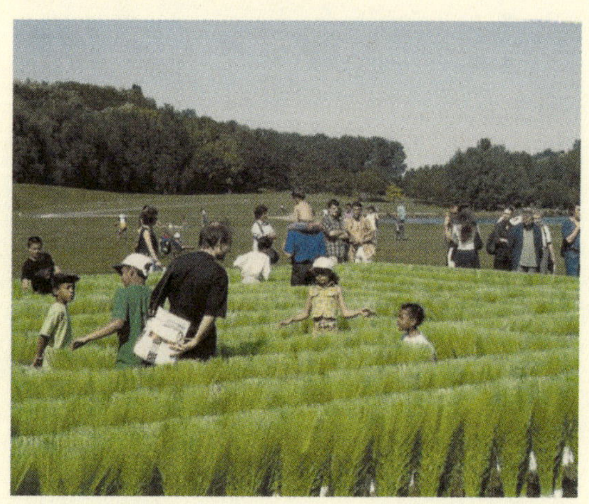

2.14 Dieser Vortrag ist mit „Spiel/Kontrolle" überschrieben. Allerdings bin ich unsicher, ob diese beiden Wörter tatsächlich einen Gegensatz markieren oder ob sie nicht vielmehr einen Knoten bilden, einen unauflösbaren Zusammenhang. Deshalb zunächst die Frage: Was für ein Spiel spielt man im Labyrinth? Und was erfährt man dabei?

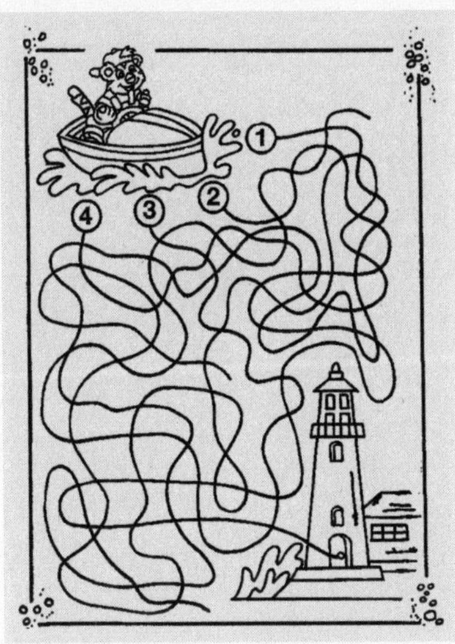

2.15 Den richtigen Weg zu nehmen? Oder sich zu verlieren, ohne Angst dabei zu empfinden?

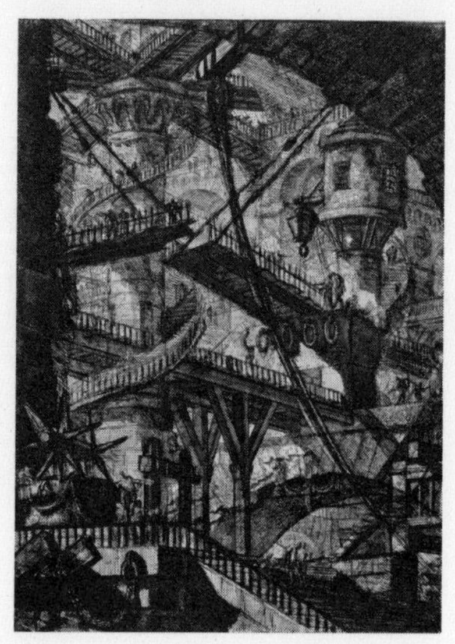

2.16 Eine Wahl zu treffen, auch wenn deren Konsequenzen erst viel später deutlich werden?

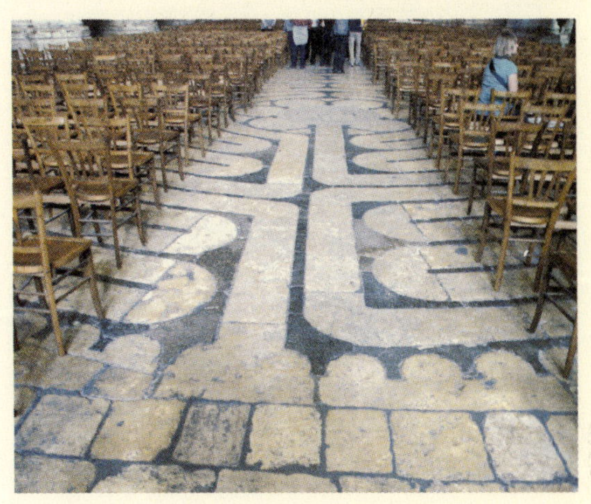

2.17 Im 12. und 13. Jahrhundert wurden in einigen gotischen Kirchen in Frankreich und Italien großflächige Bodenlabyrinthe angelegt. Pilger sollen den Weg durch das Labyrinth oft knieend und betend vollzogen haben. Für sie symbolisierte das Labyrinth jenen gefährlichen Weg des Sterblichen zum Paradies, den Weg des Sünders zu seinem Seelenheil. Manche der Labyrinthe wurden deshalb auch „Chemin de Jérusalem“, also „Weg nach Jerusalem“, genannt.

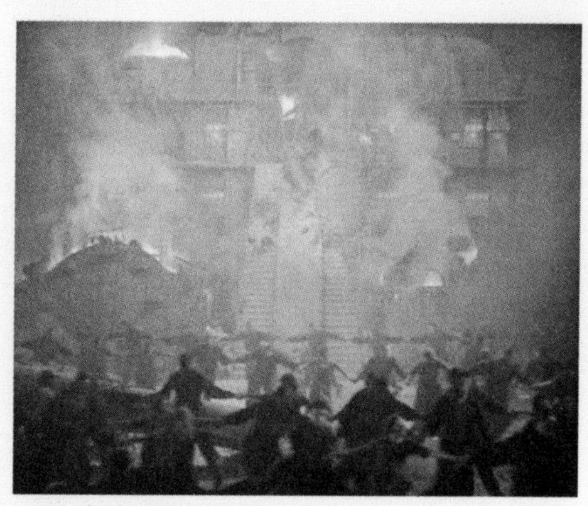

2.18 Neben dem bedachtsamen, meditativen Durchschreiten des Labyrinths wurde der im Kirchenboden markierte Weg während des Mittelalters auch zum Tanzen genutzt. Gernot Candolini schreibt darüber: „Das Labyrinth war in der Kathedrale Einkehrweg und Tanzplatz. Männer und Frauen, Bischöfe, Priester und Kinder beteten und tanzten dort in der Kirche – etwa 300 Jahre lang. Um 1500 endete der Tanz in den Kirchen am Labyrinth. Bereits einige Jahrzehnte später ist Tanzen in der Kirche zu einem fremden, ja unpassenden Element geworden."

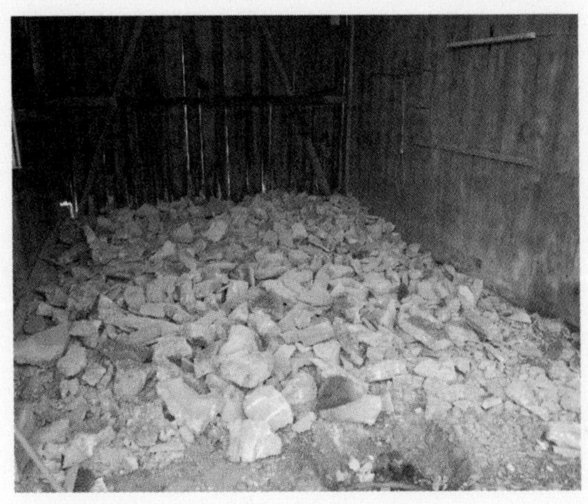

2.19 Um 1790 wurde über die Hälfte aller gotischen Kirchenlabyrinthe gezielt entfernt. Sie wurden weggekratzt, herausgebrochen, mit weißem Marmor verdeckt. Und zwar alle aus dem gleichen Grund: weil das Herumlaufen der spielenden Kinder störte.

Spielen galt als Zeitvergeudung; nicht allein als die Verschwendung eigener Lebenszeit, sondern als allzu leichtfertiger Umgang mit der Zeit Gottes. Das Spiel war ein Sich-Verlieren in eine nutzlose Tätigkeit, die kein höherer Herr tolerieren konnte, schon gar nicht in einer Kirche.

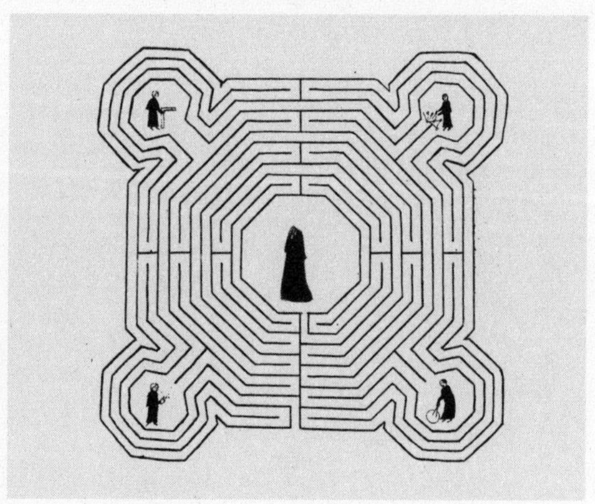

2.20 Das ist eine Darstellung des Labyrinths von Reims in einer Federzeichnung, die Ende des 16. Jahrhunderts entstand. Das Labyrinth selbst wurde wahrscheinlich zwischen 1287 und 1311 erbaut. 1778 wurde dieses Labyrinth auf Veranlassung von Kanonikus Jacquemart zerstört, dem es 1.000 Livres wert war, damit das Kindertreiben auf dem Labyrinth ein Ende fand.

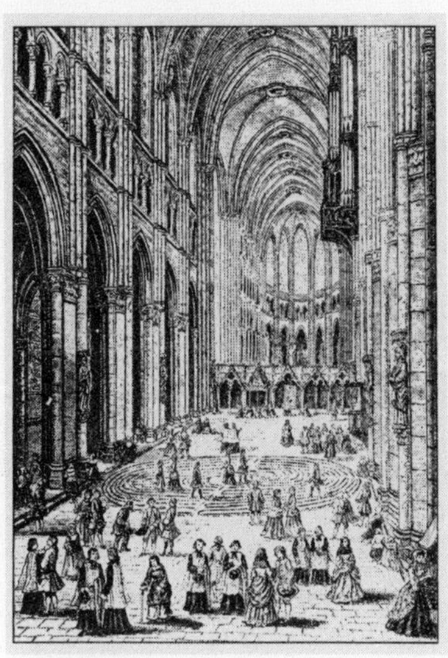

2.21 Diese Abbildung, die auf einen Stich aus dem 18. Jahrhundert zurückgeht, zeigt nicht die Kathedrale von Reims, sondern die von Chartres. Man erkennt, was für ein beliebter Ort das Labyrinth in der Kathedrale gewesen ist. In Reims ging es wahrscheinlich ähnlich zu. Man kann sich gut vorstellen, dass der Chorherr, zu dessen Obliegenheiten es zählte, die Feier der Heiligen Messe und der Stundengebete in der Kathedrale zu organisieren, das lebhafte Treiben als Störung wahrgenommen hat.

Dabei verbanden sich in der langen Geschichte des Christentums mit dem Labyrinth eine ganze Reihe ritueller Handlungen: Der Weg durch das Labyrinth war für die Gläubigen der Weg nach Jerusalem, der Weg zu Christus, der Weg zur Mutter Kirche.

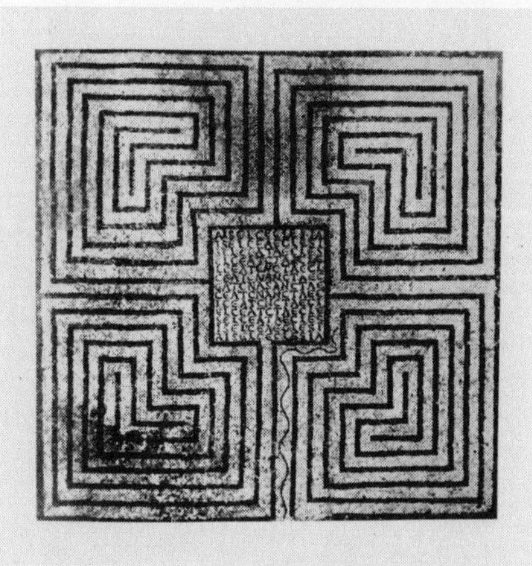

2.22 Das erste Labyrinth-Mosaik mit christlicher Bedeutung befand sich in der Reparatusbasilika von Orléansville (El-Asnam). Heute kann man es in der Kathedrale von Algier besichtigen. Es besteht aus einem Quadrat von einer Kantenlänge von zweieinhalb Metern, das in vier Sektoren unterteilt ist. Der Eingang befindet sich in der Mitte der unteren Seite. Von da aus schlängelt sich ein „Ariadnefaden“ bis zur ersten Wendung.

A	I	S	E	L	C	E	C	L	E	S	I	A
I	S	E	L	C	E	A	E	C	L	E	S	I
S	E	L	C	E	A	T	A	E	C	L	E	S
E	L	C	E	A	T	C	T	A	E	C	L	E
L	C	E	A	T	C	N	C	T	A	E	C	L
C	E	A	T	C	N	A	N	C	T	A	E	C
E	A	T	C	N	A	S	A	N	C	T	A	E
C	E	A	T	C	N	A	N	C	T	A	E	C
L	C	E	A	T	C	N	C	T	A	E	C	L
E	L	C	E	A	T	C	T	A	E	C	L	E
S	E	L	C	E	A	T	A	E	C	L	E	S
I	S	E	L	C	E	A	E	C	L	E	S	I
A	I	S	E	L	C	E	C	L	E	S	I	A

2.23 Im Zentrum dieses Labyrinths befindet sich, anders, als in den meisten antiken Labyrinthen, nicht Minotaurus, sondern ein Buchstabenfeld. Beginnend mit dem Buchstaben „S“ in der Mitte erlaubt es in dreizehn Reihen über- und nebeneinander die Zusammensetzung zu SANCTA ECLESIA (Heilige Kirche).

Bemerkenswert an diesem Labyrinth ist, dass bei ihm, angedeutet durch den Ariadnefaden, eine eindeutige Richtung von außen – durch die heidnischen Irrtümer – zur Mutter Kirche aufgezeigt ist. Das Zentrum ist das Ziel, für einen Weg zurück besteht keine Notwendigkeit.

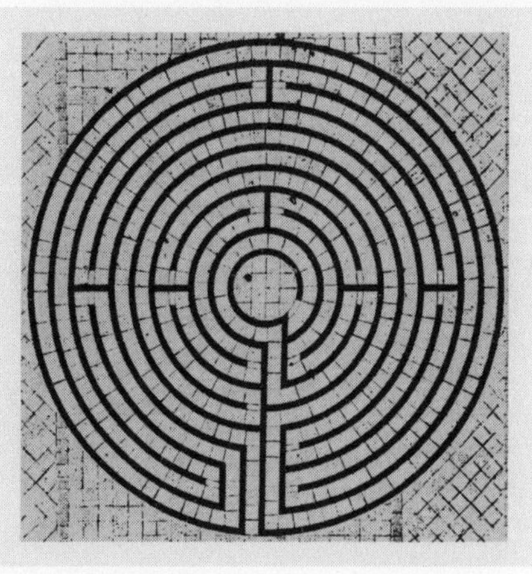

2.24 Die mittelalterlichen Kirchen-Labyrinthe – hier das Labyrinth der Kathedrale von Bayeux – boten nur einen einzigen Weg. Es gab weder Wahlmöglichkeiten noch Sackgassen. Gewiesen wird in ihnen der Weg mit der Eindeutigkeit und Festigkeit der christlichen Heilslehre.

Oder sollte man sagen: Diese Heilslehre konnte es sich ganz einfach nicht leisten, durfte und konnte aus ihrem Selbstverständnis heraus schon gar nicht daran denken, mehrere Wege zum Heil anzubieten?

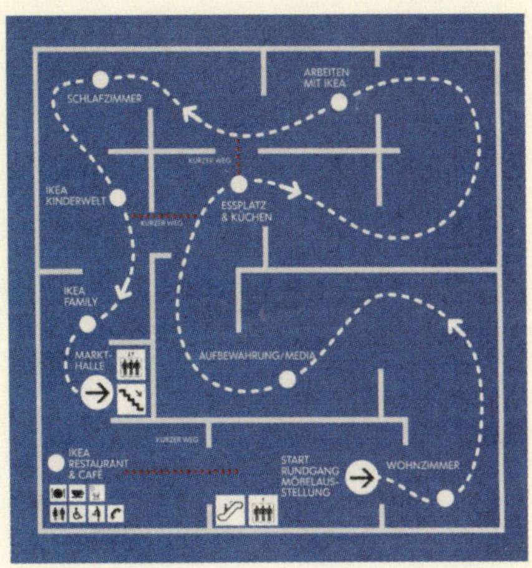

2.25 Als ein Labyrinth mit einem einzigen Weg zum Ausgang, in denen sich aber dennoch fortwährend die Frage der Wahl stellt, erweisen sich die Filialen des Einrichtungskonzerns IKEA. Der schwedische Möbelhersteller strukturiert seine Verkaufsflächen ganz bewusst nach dem Prinzip eines Labyrinths. Die Konsumenten bewegen sich auf einer vorgegebenen Zickzack-Route durch die Verkaufsräume. Weil sie immer wieder nach rechts und links abbiegen, laufen sie ständig auf neue Produkte zu.

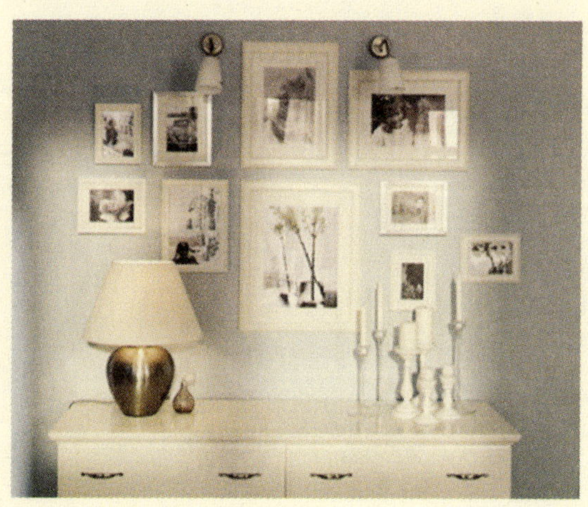

2.26 „IKEA-Märkte sind orientierungsfreundlich und übersichtsmaximal“, beschreibt Peter Weinberg, Professor am Institut für Konsum- und Verhaltensforschung an der Universität Saarbrücken, das Raumkonzept des Unternehmens. „Die Kunden werden kognitiv nicht überfordert. Das einzige, was sie nicht so leicht finden, ist der Ausgang.“

In eigenen Studien hat IKEA getestet, was geschieht, wenn die Kunden in einer Filiale ohne die vorgegebene Route herumlaufen würden: Sie suchen dann den kürzesten Weg zum Ausgang, der größte Teil der Verkaufsfläche bliebe so unbeachtet.

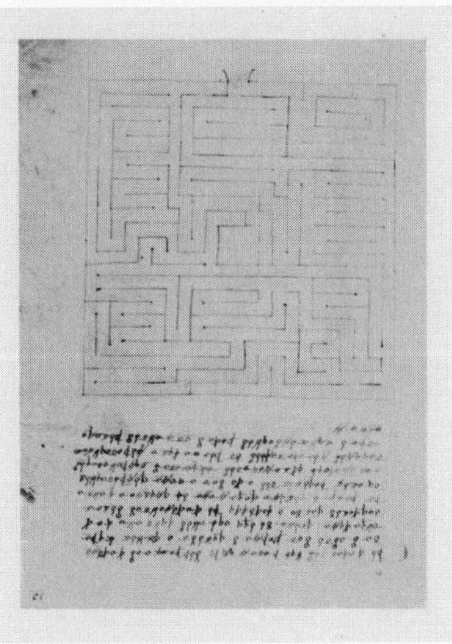

2.27 Bis ins 15. Jahrhundert besaßen alle Labyrinthe einen einzigen, wenn meist auch äußerst verschlungenen Weg. Erst in der Renaissance begann das Denken in Alternativen, in Wahlmöglichkeiten. Der venezianische Architekt Giovanni Fontana präsentierte in einem 1420 erschienenen Buch über Kriegsmaschinen zwei Labyrinthe und schrieb: „Ich verstehe nicht, warum die Labyrinthe immer nur mit einem einzigen Weg gezeichnet werden. Wenn es möglich sein soll, sich in einem Labyrinth zu verirren, muss es mehrere Wege geben, zwischen denen man wählen muss."

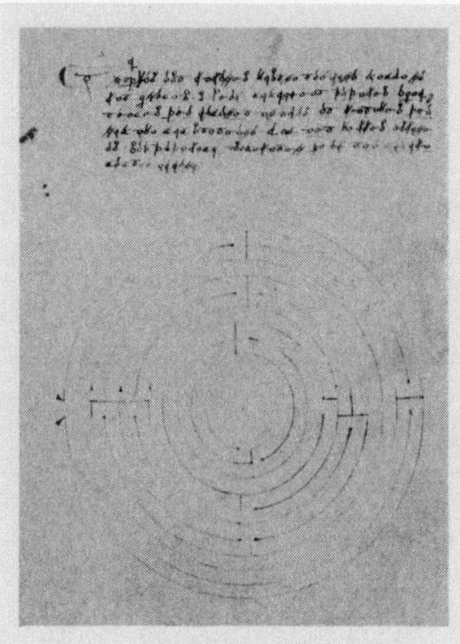

2.28 Das ist das zweite Labyrinth aus Giovanni Fontanas Handbuch über Kriegsmaschinen. In seinem Traktat erklärte Fontana auch, dass es keine vorgeschriebene Form für ein Labyrinth gebe und dass ein Labyrinth jede beliebige Form annehmen könne. Er berichtet auch von einem – bisher verschollenen – eigenen „Büchlein der Labyrinthe“ mit zahlreichen Irrgärten eigener Erfindung.

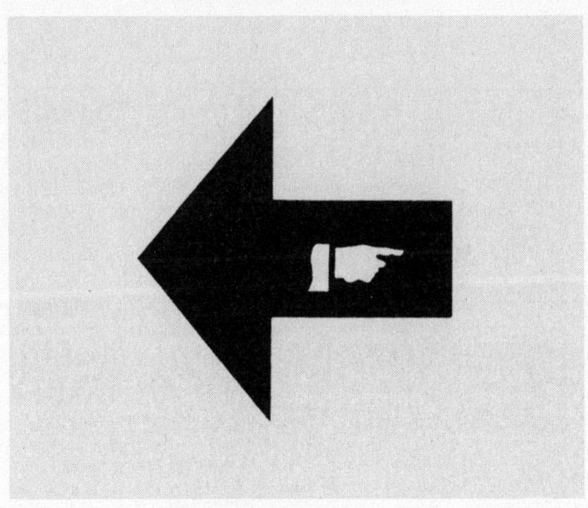

2.29 Eine Wahl zwischen verschiedenen Wegen zu treffen, wurde fortan ein fester Bestandteil des Labyrinth-Spiels.

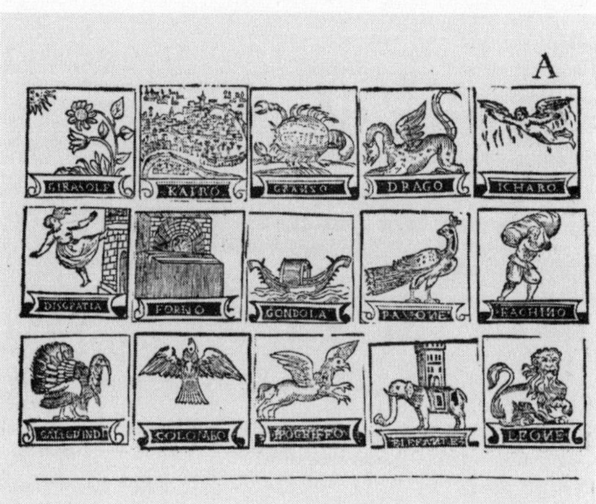

2.30 Exemplarisch dafür steht ein Buch, das den Titel „Il Laberinto“ trägt und von Andrea Ghisi 1607 in Venedig publiziert wurde. Ein Labyrinth ist in diesem Buch weder abgebildet noch beschrieben. Stattdessen werden in ihm 2.260 Holzschnitt-Vignetten gezeigt, jede von ihnen mit einem Wort versehen, die zum Zeitvertreib beliebig kombiniert werden können.

LABYRINTHUS A DIVO BERNARDO
COMPOSITUS QUO BENE VIVIT HOMO

DICERE	SCIS	DICIT	SCIT	AUDIT	NON VULT
FACERE	POTES	FACIT	POTEST	INCURRIT	NON CREDIT
CREDERE	AUDIS	CREDIT	AUDIT	CREDIT	NON EST
DARE	HABES	DAT	HABET	MISERE QUAERIT	NON HABET
JUDICARE	VIDES	JUDICAT	VIDET	CON-TEMNIT	NON DEBET
NOLI	OMNIA QUAE	QUIA QUI	OMNIA QUAE	SAEPE	QUOD

2.31 In seiner Form erinnert das Buch an ein ähnliches, als Labyrinth bezeichnetes Kombinationsspiel, das dem Heiligen Bernhard zugeschrieben wird und bei dem eine Anzahl von Wörtern zu moralisierenden Sentenzen zusammengefügt werden muss. Die erste Anweisung lautet: „Noli dicere omnia quae scis quia qui dicit omnia quae scit saepe audit quod non vult." [Sage nicht alles, was du weißt, denn wer alles sagt, was er weiß, bekommt oft zu hören, was er nicht will]. Der Text wurde aus den Worten der untersten und obersten Zeile, links beginnend, zusammengesetzt.

Labyrinthus Metricus Sereñ.ae Reginæ Portugalliæ apertur; in quo 14:996.480. hoc est quatuordecim milliones nongenta nonaginta sex millia, quadragenta & octoginta versus, sive carmina legi possunt, legenda à centro ad angulos, totidemque ab angulis ad centrum.

2.32 Vom Konzept her ganz ähnlich wie das Labyrinth des Heiligen Bernhard ist das metrische Labyrinth des portugiesischen Autors Luis Nunes Tinoco aufgebaut. Es entstand im 17. Jahrhundert zu Ehren der Königin Maria Sophia Isabel von Portugal. Der Autor verweist stolz auf 14.996.480 Kombinationsmöglichkeiten, wobei man sowohl vom Zentrum nach außen, als auch in umgekehrte Richtung lesen kann.

In beiden Fällen ist die Bezeichnung „Labyrinth" allein durch die Fülle an Wahlmöglichkeiten motiviert. Denn auch eine Entscheidung kann ein Labyrinth sein, oder, wie Jorge Louis Borges es formuliert hat, ein „Garten der Pfade, die sich verzweigen".

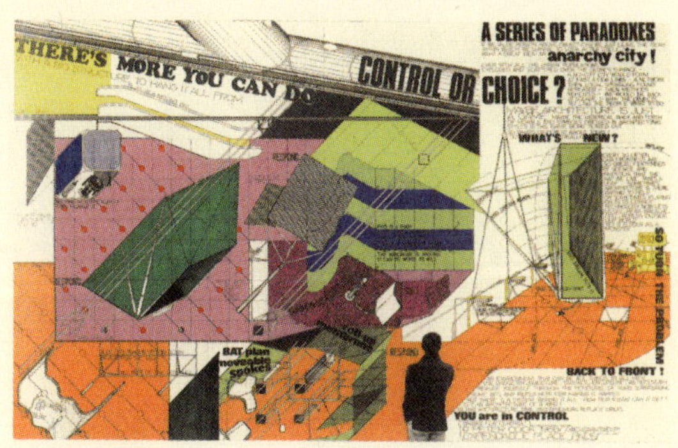

2.33 Claude Shannon hätten diese Labyrinthe sicher begeistert. Denn das Problem der Wahlfreiheit hat ihn theoretisch sehr interessiert. Beim „Nike"-Projekt war die Flugbahn eines feindlichen Flugzeugs eine Serie von Links-rechts- und Oben-unten-Entscheidungen eines Piloten oder eines selbstlenkenden Geschosses, auf eine Flugabwehr reagierend. Das Subjekt ist, nach dem Philosophen Hegel, die Reihe seiner freien Handlungen. Shannons Forschungen halfen, die menschliche oder auch maschinelle Wahlfreiheit zu berechnen – so wie Computer heute bereits unsere Kaufentscheidungen innerhalb eines wahrscheinlichkeitstheoretisch definierten Korridors vorausberechnen können.

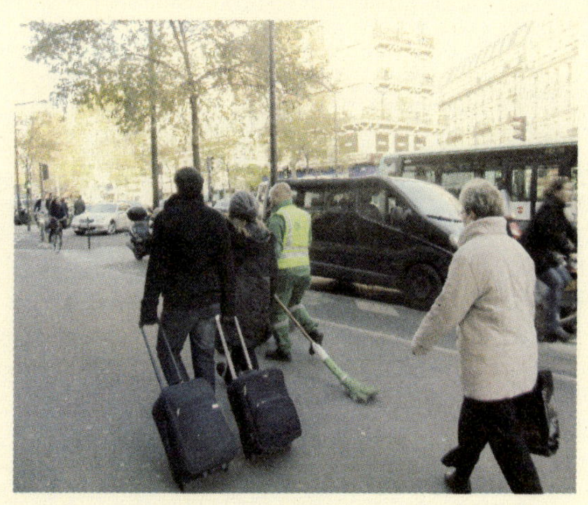

2.34 Aber trotzdem haben wir die Freiheit, die Dinge immer wieder anders zu gebrauchen, etwas Neues in ihnen zu sehen und freizulegen. Aus einer Maus wird „Theseus". Aus einem Besen, den die Pariser Stadtreinigung benutzt, das Material für ein Kunstwerk. Aus einem Ort der religiösen Einkehr und des Betens ein Spielplatz.

Ja, selbst mit dem Labyrinth als Form lässt sich spielen, das heißt, man kann diese Form „freispielen" für neue Bedeutungen, was bereits viele Male geschehen ist.

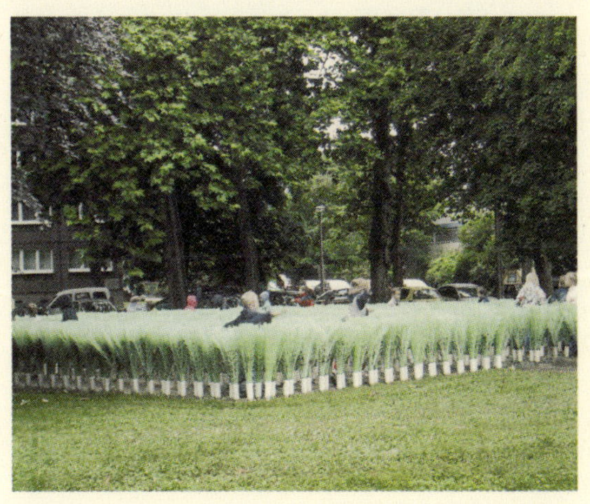

2.35 Aber worin liegt der Grund für die anhaltende Faszination für die Form des Labyrinths? Warum kommen wir nicht los von diesem Gewirr aus Linien und Gängen?

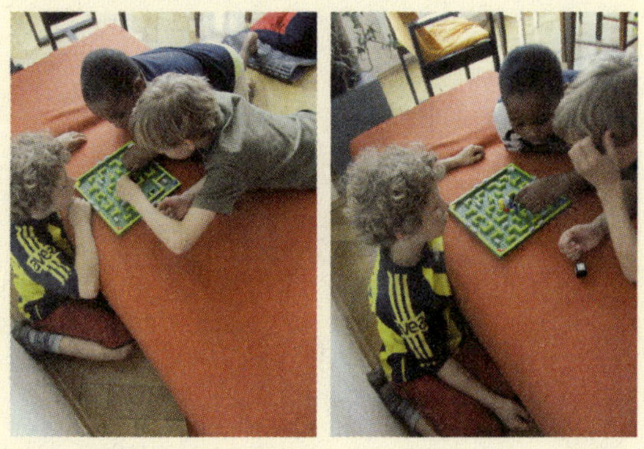

2.36 Und wie kommt es, dass das Labyrinth uns im Handumdrehen zu Mitspielern macht?

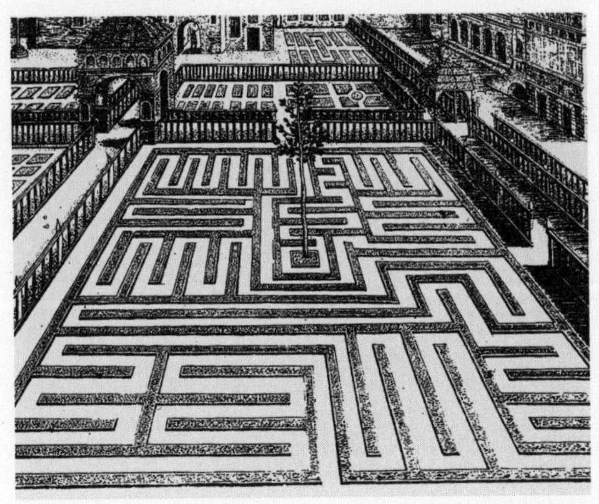

2.37 In den Gärten der Renaissance existierten, lediglich durch Abbildungen überliefert, florale Labyrinthe. Sie befanden sich meist in der Nähe der Terrasse einer Villa, so dass die Muster aus Blumen oder niedrigen Hecken vom Betrachter gut überblickt werden konnten. Der labyrinthische Weg wurde allein mit den Augen verfolgt, die Begehbarkeit der Pflanzung war nicht vorgesehen.

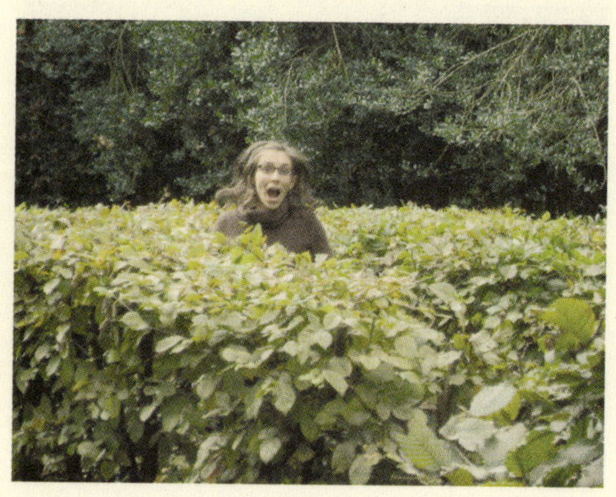

2.38 Erst in der Spätrenaissance in Italien wandelte sich die visuelle in eine kinästhetische Funktion. Die Wege wurden durch höhere Hecken begrenzt, die nicht mehr überstiegen werden konnten.

So war nicht mehr die reine Augenbewegung, sondern die Begehbarkeit und damit die Bewegung des eigenen Körpers das Erlebnis. In der Abkehr vom Labyrinth des Spätmittelalters ohne Wegverzweigungen und der Zuwendung zum Irrgarten mit Abzweigungen und Sackgassen spiegelt sich auch ein geistiger Wandel wider. Im Zentrum stand nun die selbstverantwortliche Entscheidung des einzelnen Menschen, der sich nicht mehr bedingungslos durch göttliche Fügung geleitet sah.

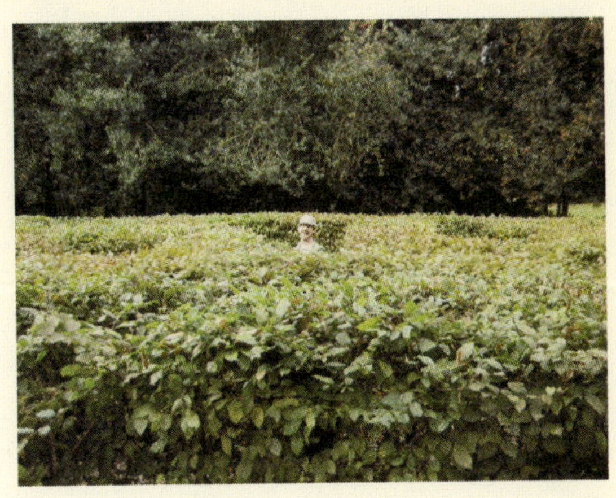

2.39 Mit ihren dichten und oft übermannshohen Hecken boten die Gartenlabyrinthe allerhand Versteckmöglichkeiten. Die weitläufigen Anlagen wurden häufig auch als Liebes-Labyrinthe bezeichnet.

2.40 Die hohe Popularität von Gartenlabyrinthen und Irrgärten zeigt sich auch in den unzähligen Musterzeichnungen für Labyrinthe, die sich in Büchern über Gartenarchitektur dieser Zeit finden lassen. So veröffentlichte der Hofmedicus Daniel Loris in dem Buch „Le Thrésor Des Parterres De L'Univers, contenant les figures et pourtraits des plus beaux Compartiments, Cabanes et Labyrinthes des Jardinages", das 1579 erschien und heute vor allem in seiner zweiten Auflage von 1629 bekannt ist, 23 verschiedene Labyrinthentwürfe. Bei einigen seiner Holzschnitte orientierte sich Loris an älteren Formulierungen. So geht diese Zeichnung von ihm...

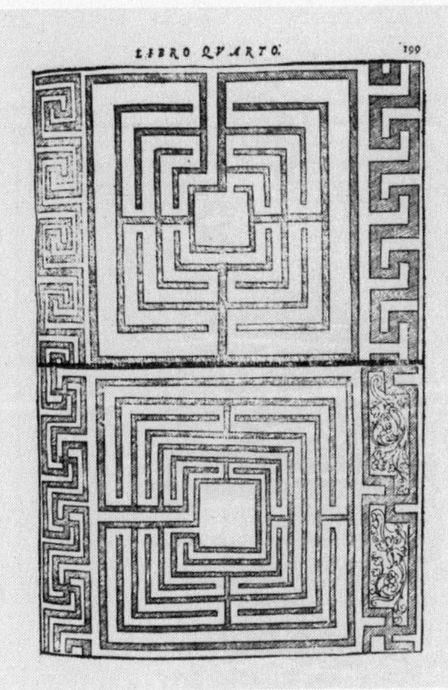

2.41 ... auf ein Labyrinth aus Sebastiano Serlios „Libri cinque d'architettura" von 1537 zurück.

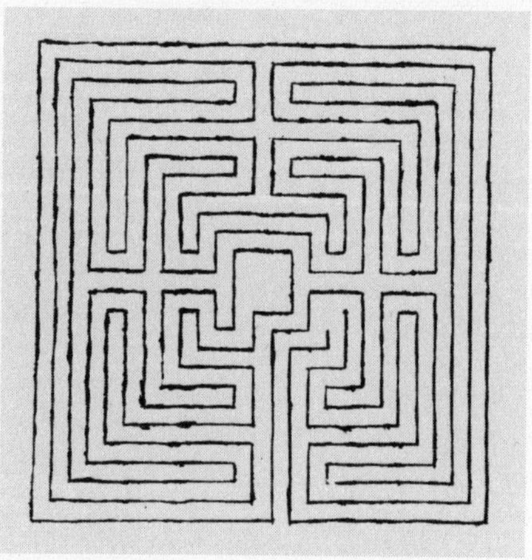

2.42 Derselbe Entwurf diente auch einem unbekannten deutschen Zeichner aus der zweiten Hälfte des 16. Jahrhunderts als Inspiration. Mit einer Ausnahme entspricht die Linienführung vollständig der Serlios': Kurz nach dem Eingang eröffnet sich hier die Wahlmöglichkeit, entweder geradeaus den üblichen Weg zum Zentrum einzuschlagen oder nach rechts in ein System von Sackgassen abzubiegen.

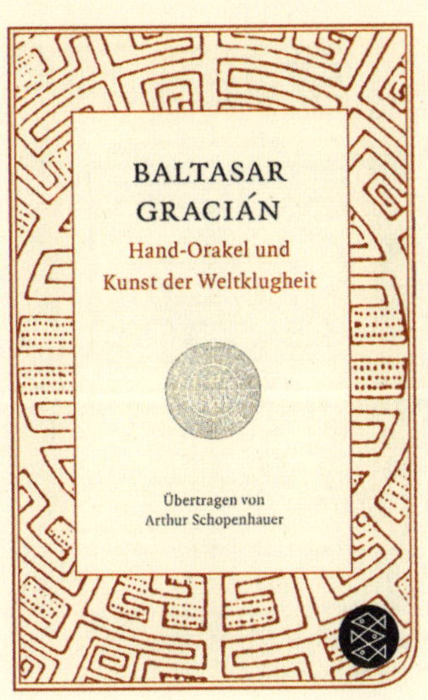

2.43 Zur selben Zeit, in der vielerorts in Westeuropa Irrgärten als Element der Gartenarchitektur in Mode kamen, wurde das Labyrinth auch zu einem Sinnbild für die Verworrenheit der irdischen Welt. Oder konkreter, für das Leben der höfischen Gesellschaft, deren Regeln oft unüberschaubar waren.

Auch die oberen Stände spielten, aber in einem Sinne, der von der politischen Theorie erfasst wird: Sie „spielten" mit ihren Gegnern, Rivalen, Feinden, Geliebten. Die höfische Gesellschaft entfaltete sich im Spiel – in Macht- und Ränkespielen, in erotischen und in Glücksspielen.

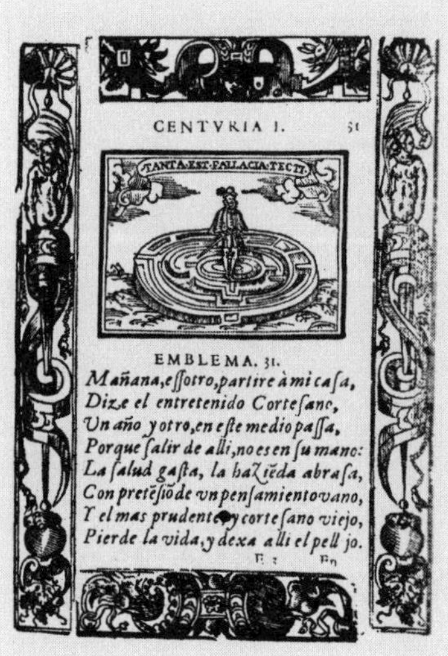

CENTVRIA I. 51

TANTA·EST·FALLACIA·TECTI.

EMBLEMA. 31.

Mañana, eſſotro, partire à mi caſa,
Dize el entretenido Corteſano,
Vn año y otro, en eſte medio paſſa,
Porque ſalir de alli, no es en ſu mano:
La ſalud gaſta, la hazĩeda abraſa,
Con pretẽſiõ de vn penſamiento vano,
Y el mas prudente, y corteſano viejo,
Pierde la vida, y dexa alli el pell jo.

2.44 Ein eindrucksvolles Beispiel für eine solche Labyrinthmetaphorik ist das Emblem Nr. 31 aus Sebastián de Covarrubias y Orozcos Sammlung „Emblemas Morales“. Das Labyrinth steht hier für das gefährliche, trügerische Hofleben und die unberechenbare Situation des Höflings.

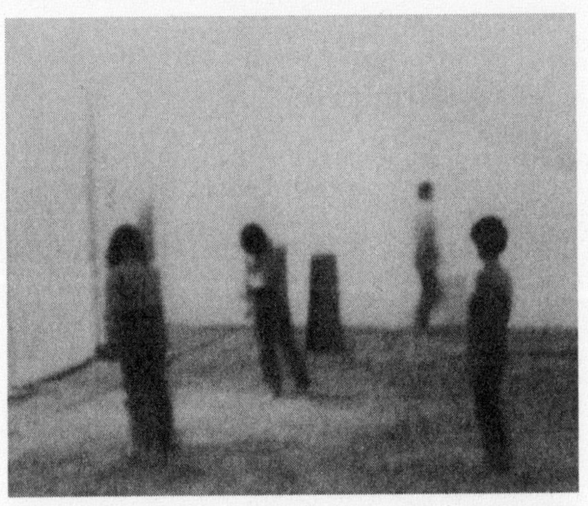

2.45 Sowohl die Gartenlabyrinthe als auch die symbolische Aufladung des Labyrinths als Gesellschaftsmetapher können als eine Theatralisierung des Wissens verstanden werden. Das Wissen soll räumlich und körperlich erfahrbar werden. Glück und Unglück, Tugendhaftigkeit und leichtfertige Verirrung werden im Labyrinth eindrucksvoll in Szene gesetzt.

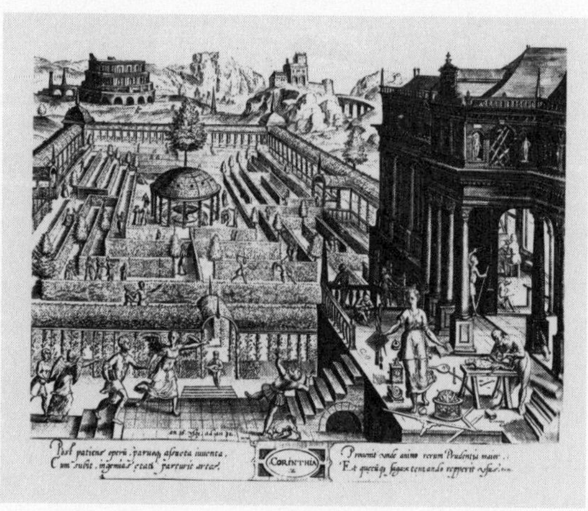

2.46 Auf diesem Kupferstich von Hieronymus Wierix, der im späten 16. Jahrhundert entstand, leiten Engel die jungen Männer im „labyrinthischen Alter“ …

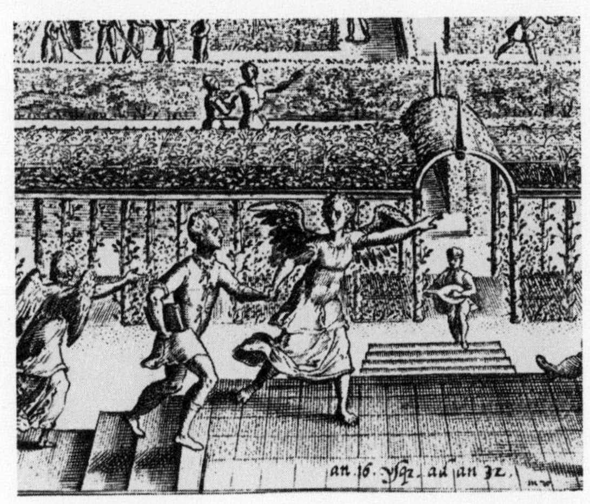

2.47 ... ihrer Profession zu. Die schönen Künste tragen die Attribute mathematischer Rationalität: Messgeräte, Uhr und Buch.

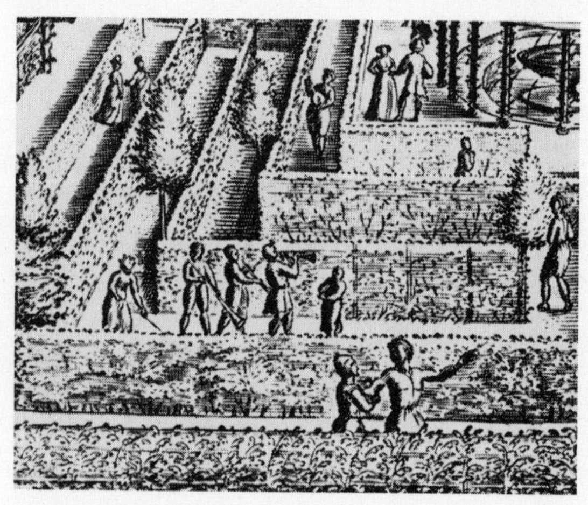

2.48 Das Labyrinth im Hintergrund stellt einen Abweg dar. Dort sieht man Paare promenieren und Musikanten aufspielen...

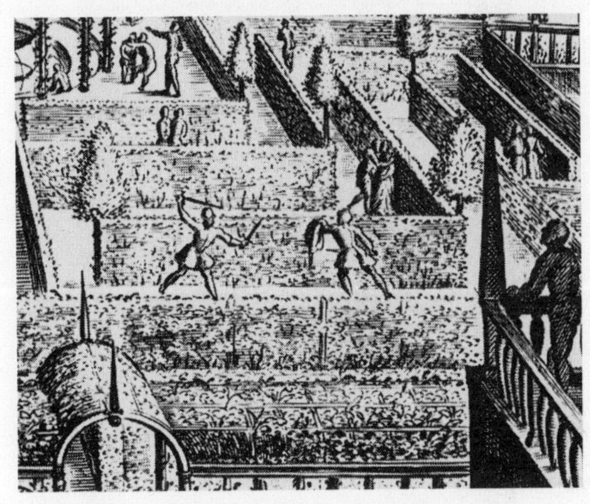

2.49 ... an anderer Stelle wird ein Duell ausgefochten: Das Labyrinth gilt hier als Sinnbild für die Verstrickung in leere Vergnügungen und Laster sowie als Appell, eine Instanz der Kontrolle in sich selbst aufzubauen, um nicht vom Pfad der Tugend abzukommen.

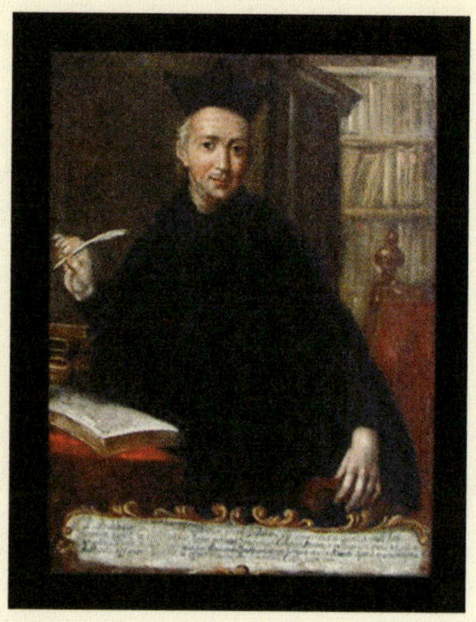

2.50 Im Zeitalter des Absolutismus gab es eine Vielzahl von Verhaltenslehren. Denn die Regeln der Gesellschaft waren unübersichtlich und die Vergnügen und Verlockungen des höfischen Lebens immens. Die berühmteste dieser „Selbstprogrammierungen" ist das „Hand-Orakel" des spanischen Jesuiten Baltasar Gracián, eine Sammlung von 300 jeweils kurz erläuterten Maximen. Gracián entwickelte diese pragmatische Verhaltenslehre vor dem Hintergrund seiner eigenen Erfahrungen am spanischen Hof.

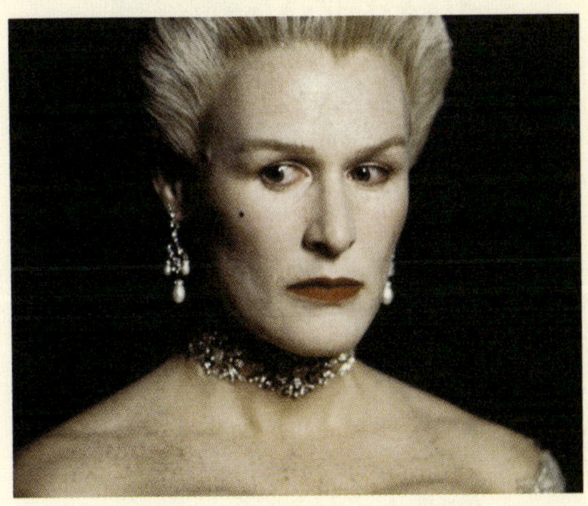

2.51 Moral ist für Gracián ein Bestandteil taktischer Ratschläge zur effektiven Durchsetzung der eigenen Interessen. Als höchste Tugend gilt im „Hand-Orakel" die Fähigkeit, sich nicht gehen zu lassen, seine Emotionen zu kontrollieren. Der Leser soll befähigt werden, spontane Handlungsimpulse zu hemmen, um sich so jeder Zeit verschiedene Wege offen zu halten.

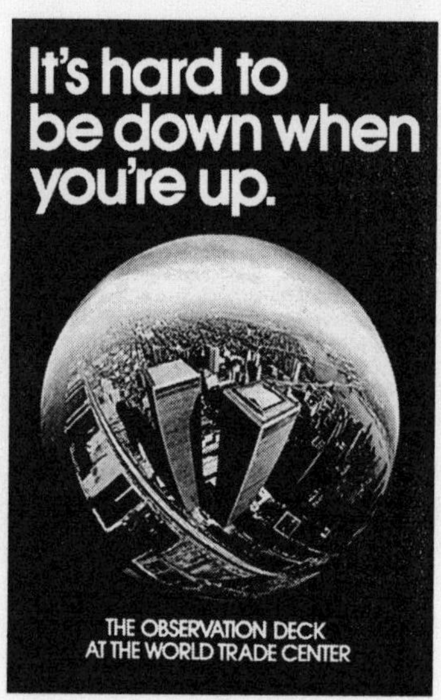

2.52 Emotionen werden dabei geschickt in die taktischen Spiele einbezogen: Ihr Ausdruck bleibt immer dem pragmatischen Interesse untergeordnet. Gracián entwirft in den Meditationen einen Akteur, der immer alarmiert ist, zwischen stoischer Gelassenheit und nervöser Unentschiedenheit changiert.

Für den Leser entsteht ein Bild von Identität, das durch Fremdwahrnehmung konstituiert wird. Bei der Lektüre lernt er, sich selbst in einem permanenten Widerspiel von Selbst- und Fremdwahrnehmung zu erfassen und das eigene Handeln nicht an eigenen Wunschvorstellungen, sondern am Verhalten der mit ihm konkurrierenden Personen auszurichten: die Welt als Labyrinth.

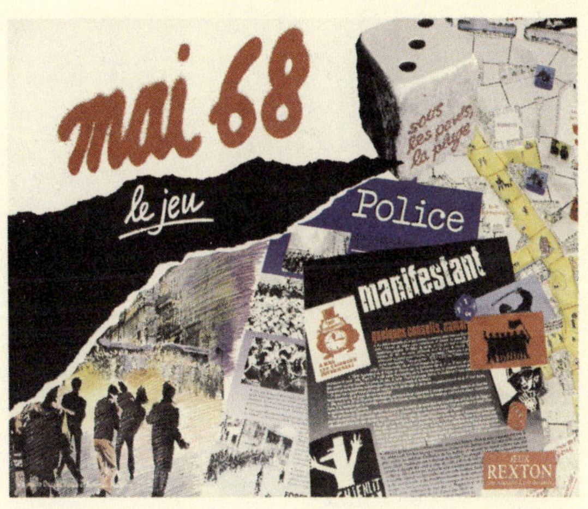

2.53 Und heute? – Welche Spiele dienen gegenwärtig auf unterhaltsame Weise als Verhaltenslehre? Wie schulen wir unser taktisches Geschick und entwickeln Strategien, um die eigene Expressivität und Spontanität zu regulieren?

Hier das Beispiel von François Nedelec und Duccio Vitale, die 1980 das Spiel „Mai 68“ entwickelten, bei dem man auf einem schematisierten Stadtplan von Paris die Möglichkeit hat, entweder auf Seiten der Studenten oder auf Seiten der Polizei die Pariser Studentenunruhen im Mai 1968 nachzuspielen.

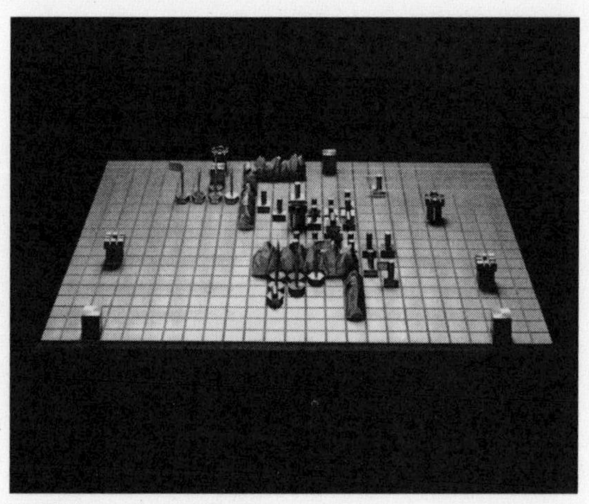

2.54 Oder hier das „Game of War", das der Situationist Guy Debord entwickelt hat. Inspiriert ist dieses Spiel, in dem zwei Armeen aufeinandertreffen, von den Militärtheorien Carl von Clausewitz'. Giorgio Agamben berichtet, dass, als er Guy Debord einmal als Philosophen bezeichnete, der entrüstet entgegnet habe: „Ich bin kein Philosoph, ich bin Stratege!"

Die Strategien, die „Game of War" vermittelt, sind Strategien der militärischen Bewegung und der territorialen Verteidigung, der Improvisation und der kreativen Anpassung. Dabei ist in diesem Spiel auch Kommunikation Teil der Kampfmittel, denn Guy Debord ging es darum, das gesamte Spektrum der Kriegsführung abzubilden.

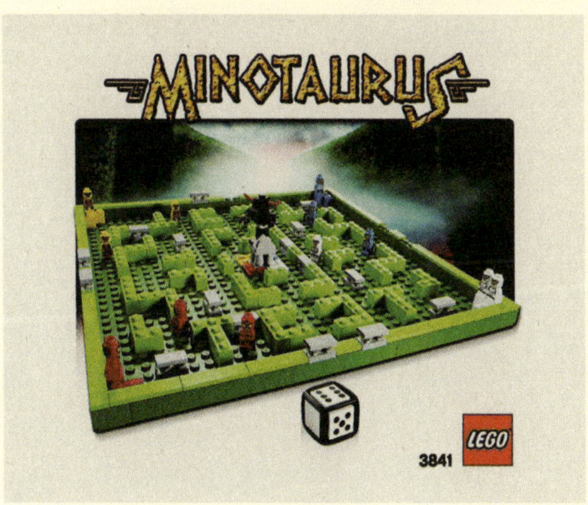

2.55 Bei dem LEGO-Spiel „Minotaurus“ muss es der Spieler mit zwei verschiedenen Gegnern aufnehmen. Einerseits mit den anderen Mitspielern, die, sobald sie die entsprechende Farbe gewürfelt haben, ihm den Weg im Labyrinth versperren können, indem sie neue Mauern bauen. Andererseits mit dem schwarzen Minotaurus, der in der Mitte des Spielfelds haust und eine Figur zum Ausgangspunkt zurückschicken kann, sobald die Figur sich ihm bis auf acht Felder genähert hat und die schwarze Seite des Würfels nach einem Wurf oben liegt.

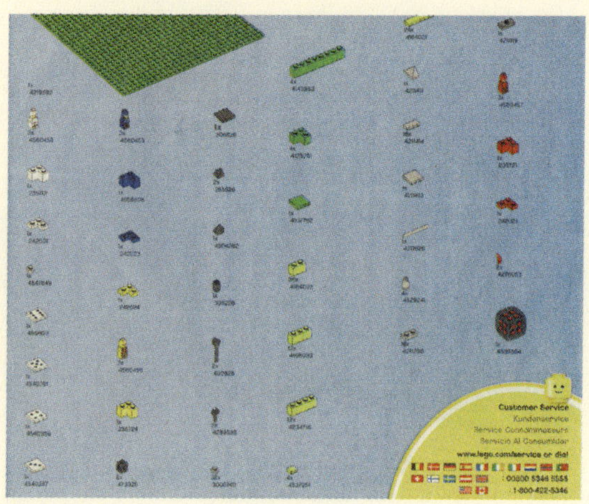

2.56 Roger Caillois schrieb in seinem Buch „Die Spiele und die Menschen. Maske und Rausch“, dass wir in ein Spiel zwar aus freien Stücken eintreten, dass unsere Wahl aber erfolgt, weil wir eine bestimmte Weise ausgeprägt haben, das Zusammenspiel unserer Entscheidungen mit Mächten, die in uns oder von außen auf uns wirken, zu denken – eine Denkweise, die auch unsere Spiele regiert.

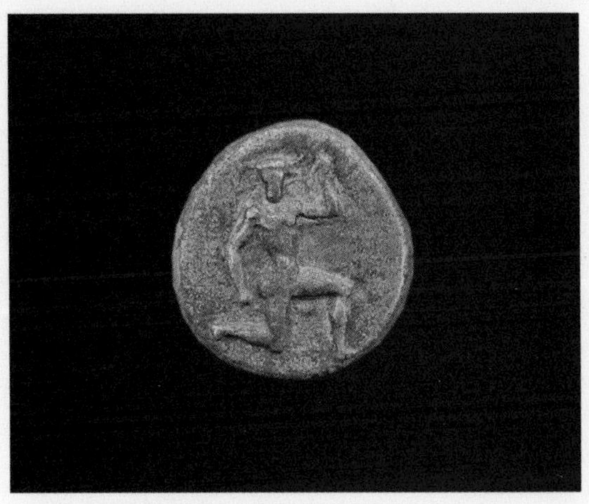

2.57 Wir wählen also für unser Spielvergnügen einen Spieltyp, der unserer eigenen Denkweise entspricht. In unseren spielerischen Aktivitäten stellen wir dieses Prinzip wie auf einer Bühne dar; wir beherrschen es in seiner objektivierten Form, indem wir das Spiel beherrschen. Aber gleichzeitig bemächtigt sich das Spiel unserer; in dem Maße, in dem wir uns in ihm engagieren, werden wir von ihm gespielt.

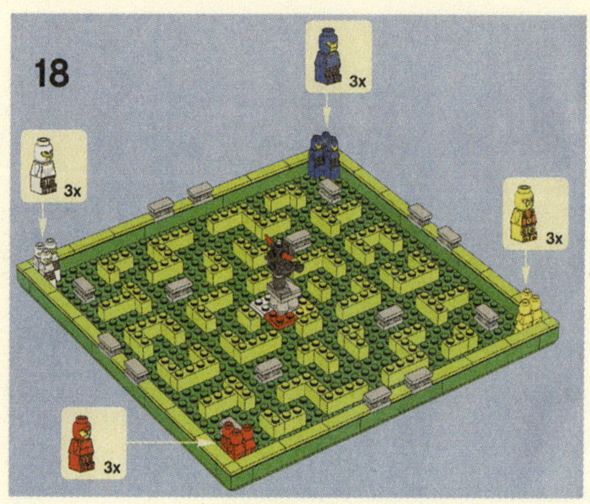

2.58 Das gilt natürlich auch für diese zeitgenössische Variante eines Labyrinth-Spiels, gerade weil LEGO suggeriert, dass der Spieler alle Freiheit hat, die Regeln des Spiels nach seinen Wünschen zu gestalten. So heißt es in der Gebrauchsanweisung: „Mit dem LEGO-Würfel hast Du unglaublich viele Möglichkeiten, das Spiel immer wieder zu verändern. Du kannst das Spielfeld, die Bestandteile des Spiels und sogar die Regeln verändern. Jede kleine Änderung wird es mehr und mehr zu DEINEM Spiel machen. Am besten probierst Du nur eine Änderung pro Spiel aus. Dann kannst Du gleich feststellen, ob es funktioniert oder nicht. Am meisten Spaß macht es, die Regeln zusammen mit deinen Mitspielern zu verändern. So weiß jeder gleich, was verändert wurde. Denk daran, VOR jedem Spiel allen zu sagen, nach welchen Regeln gespielt wird."

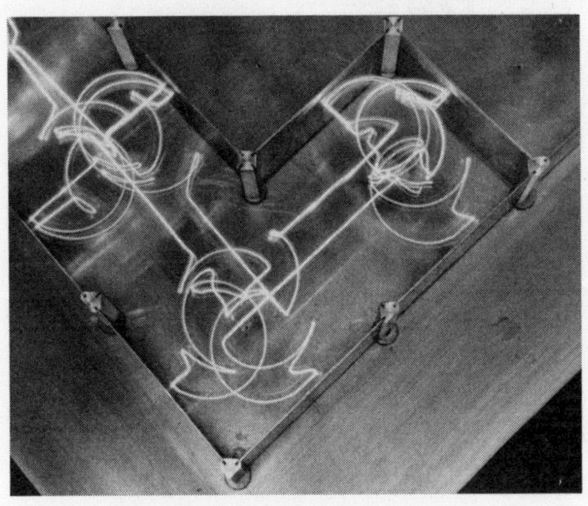

2.59 Das klingt wie ein großes utopisches Versprechen oder wie das kleine Einmaleins flexibler Reglementierung im Spätkapitalismus.

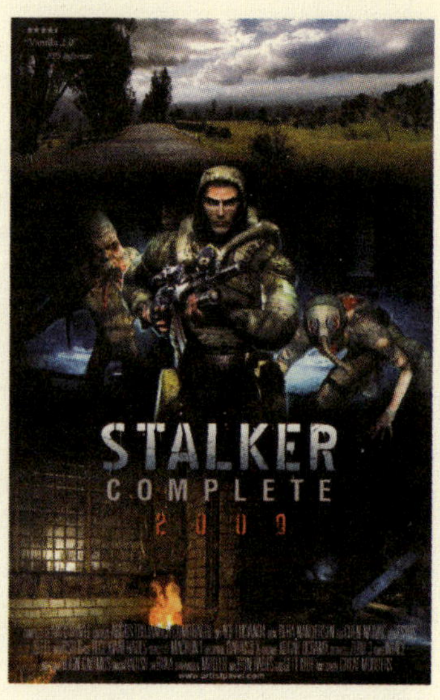

2.60 Mit „Theseus", der Maus und ihrem Erfinder Claude Shannon habe ich begonnen. Da Shannon einer der ersten war, der an portablen Computerspielen bastelte, schließt sich hier in gewisser Weise ein Kreis. Denn viele Computerspiele – allen voran die Ego-Shooter – erinnern in ihrer Struktur an den Gang durch ein Labyrinth. Auf das Spiel „S.T.A.L.K.E.R.: Shadow of Chernobyl" trifft das in besonderer Weise zu.

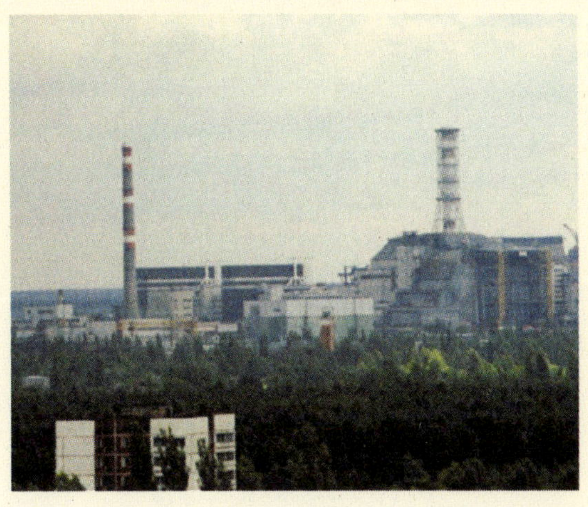

2.61 Dieses Spiel des ukrainischen Entwicklers „GSC Game World“ dreht sich um das Kernkraftwerk Tschernobyl. Die Geschichte der Reaktorkatastrophe von 1986 nimmt im Spiel durch ein erfundenes Ereignis seinen Fortgang; einer erneuten Explosion und der Einrichtung einer Sperrzone, in der Anomalien entstehen.

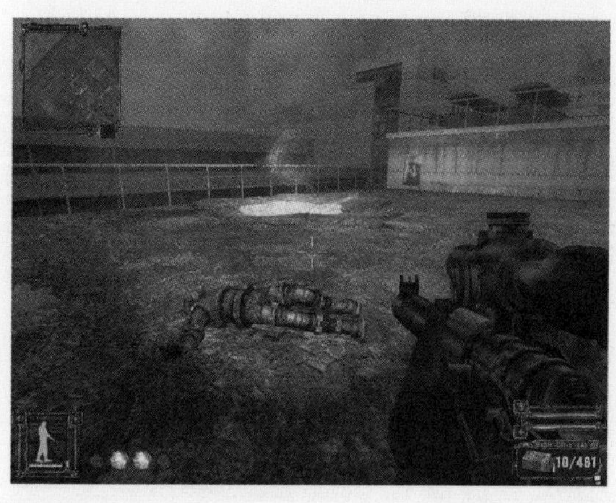

2.62 Das Spiel gehört dem Genre der Ego-Shooter an, hat aber auch Rollenspielelemente. Es wurde bereits 2001 angekündigt, erschien aber erst im März 2007 – als „einer der meisterwarteten Titel der Spielegeschichte". Die Story ist inspiriert vom Roman „Picknick am Wegesrand", den Arkadi und Boris Strugazki 1971 veröffentlichten und der 1979 unter dem Titel „Stalker" von Andrei Tarkowski verfilmt wurde.

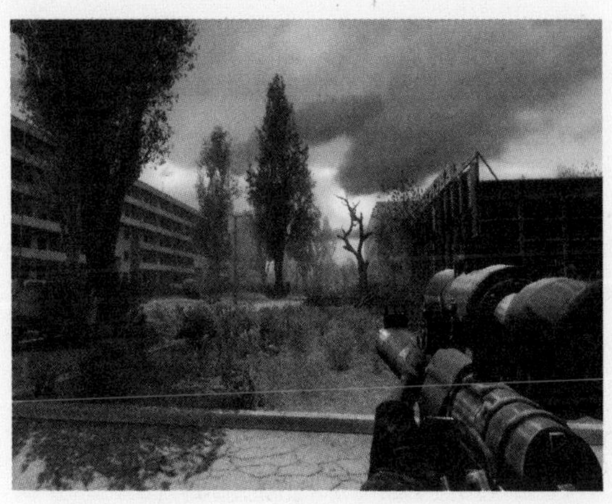

2.63 Im Spiel durchforsten Stalker die kontaminierte Zone, die vom Militär abgeriegelt ist. Der Spieler ist dort auf der Suche nach legendären Artefakten, die für die Wissenschaft neu und interessant sind und hoch bezahlt werden. Er wird dabei aber selbst von Strahlung, neuartigen Naturphänomenen sowie – hier nun in Erweiterung der Vorlage – tierischen und menschlichen Mutanten bedroht.

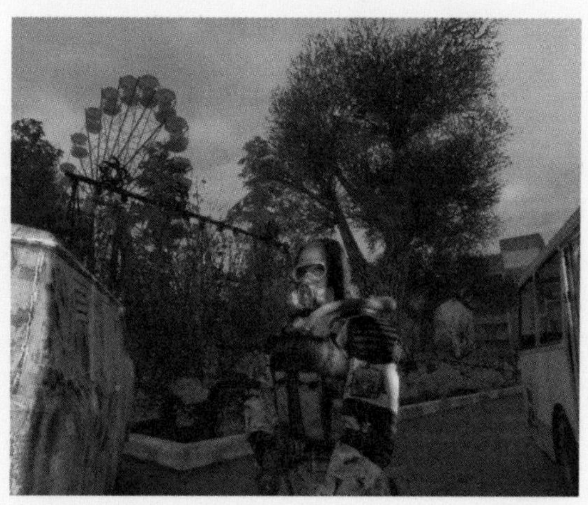

2.64 Zu Beginn des Spiels im Jahr 2012 hat der Spieler sein Gedächtnis verloren. Von Gesprächspartnern wird er der „Gezeichnete" genannt. Er findet nur einen Hinweis aus seinem früheren Leben: Er soll einen gewissen Strelok (russisch für „Schütze") töten. Nun nimmt er Aufgaben an, um Geld für bessere Ausrüstung und Waffen zu bekommen, aber auch Hinweise auf das Geheimnis der „Zone" und seine eigene Identität.

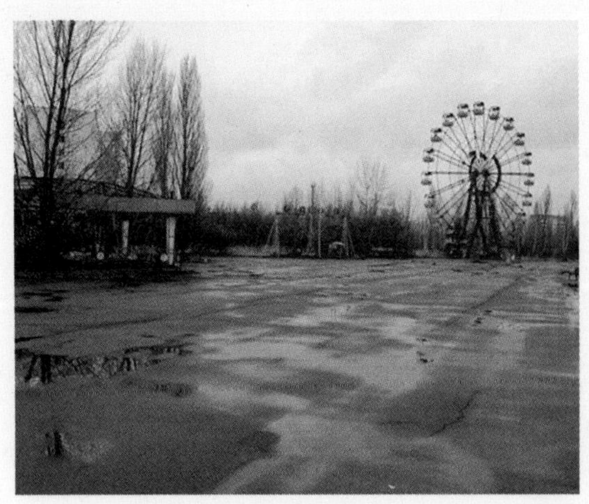

2.65 Je nach dem Verhalten des Spielers ist eines von fünf verschiedenen Enden möglich. Zwei weitere können eintreffen, wenn der Spieler die anderen fünf umgeht. In der Selbstbestimmung des Schicksals findet sich wieder ein philosophischer Bezug zu Buch und Film, denen alternative Ausgänge aufgrund ihres linearen Charakters nicht möglich waren. Die Abschlüsse sind ebenso wie wesentliche Schritte im Handlungsverlauf durch Videoclip-artig geschnittene Filmsequenzen visualisiert.

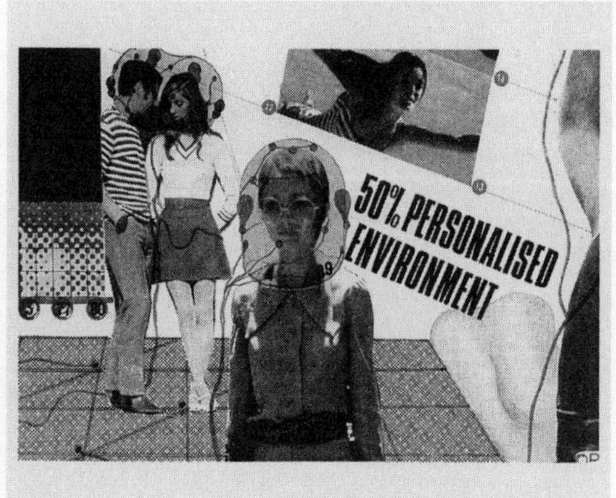

2.66 Das Spannende ist die grafische Oberfläche des Spiels. Die Entwickler haben, basierend auf Luftbildern und eigenen Fotos, die verlassene Atmosphäre um das AKW Tschernobyl so detailreich nachgebaut, dass der Spieler wirklich den Ort der Katastrophe zu durchwandern glaubt. Ähnlich wie das Labyrinth des Daedalus erzählen Industrieruinen, die eine postapokalyptische Stimmung vermitteln, von der Hybris menschlichen Erfindertums und einer aus den Fugen geratenen Natur, in der der Spieler lernen muss, sich auf neue Art zu bewegen. Das tun wir heute, indem wir einüben, uns im digitalen Raum zurechtzufinden.

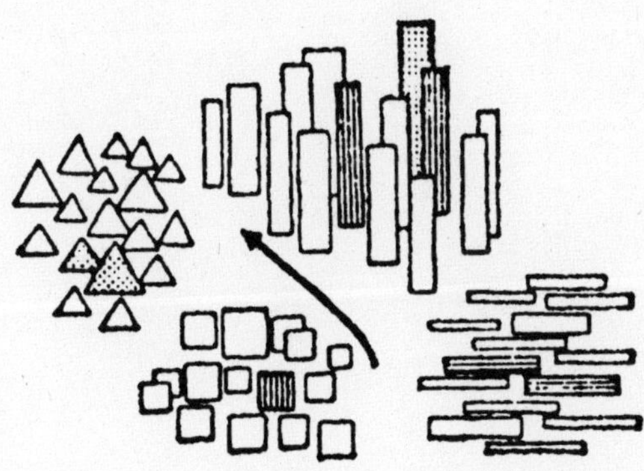

ORIENTIERUNG / DESORIENTIERUNG

(3)

Von A nach B
den Pfeilen folgend
von Kevin Lynch
zu Guy Debord vor und zurück

von New Babylon
nach Annaberg
über Halle-Neustadt
nach Las Vegas lost in Tativille.

Vortrag: Anne König
Galerie für Zeitgenössische Kunst Leipzig
10. November 2010, 19 Uhr

[Licht aus.]

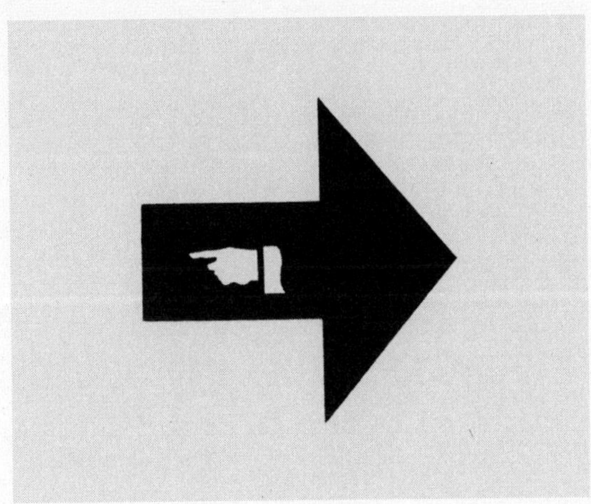

3.01 Wo man hinein findet, da findet man auch wieder heraus. Der Labyrinthmythos zeigt, dass dieser Satz keine uneingeschränkte Gültigkeit beanspruchen kann. Wie ließe sich sonst erklären, dass Theseus den Weg zum Minotaurus ins Labyrinth hinein ganz allein findet, für den Rückweg aber auf den Faden der Ariadne angewiesen ist?

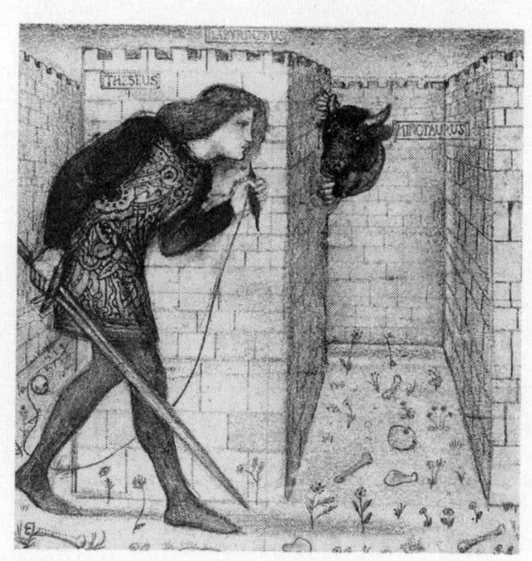

3.02 Ist der Weg ins Zentrum des verwinkelten Gängereichs leichter zu finden als der Weg zurück in die Freiheit? Oder war Theseus vom Kampf mit dem Minotaurus nur erschöpft und brauchte deshalb eine Navigationshilfe? Einen roten Faden, um sich zu orientieren?

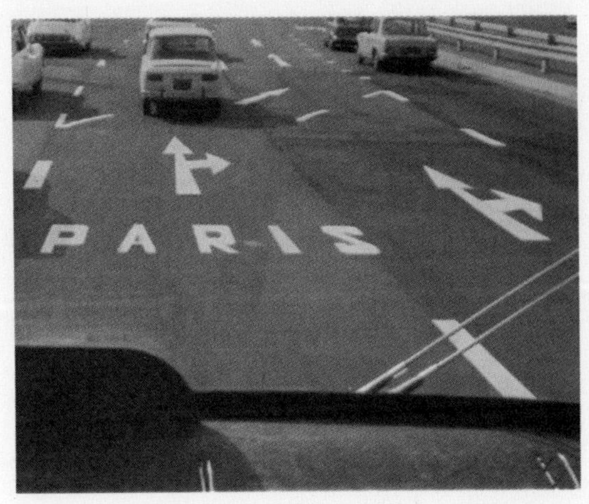

3.03 Erleichtert ein Mehr an Wissen die Orientierung? Oder wird es schwieriger, wenn wir verstanden haben, wie leicht es ist, sich zu verlaufen?

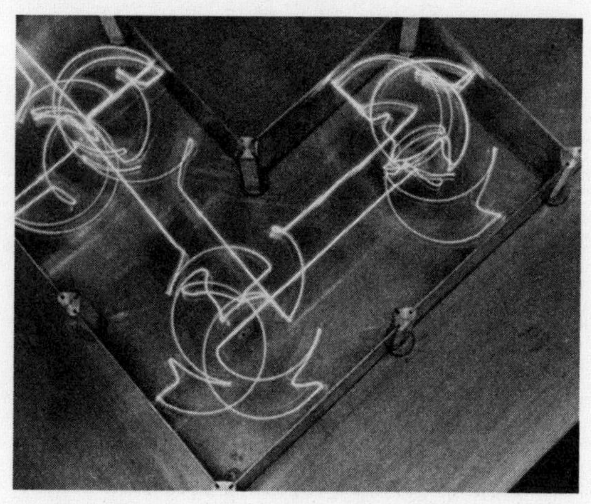

3.04 Der heutige Vortrag trägt den Titel „Orientierung / Desorientierung“. Einige der Bilder werden Sie bestimmt wiedererkennen.

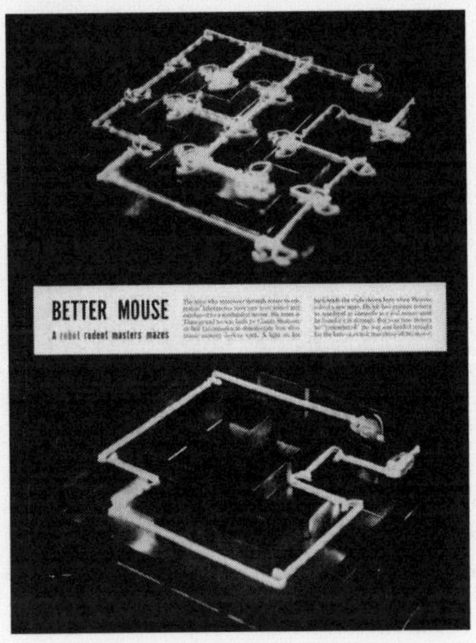

3.05 Irritiert es Sie, ein Bild zweimal zu sehen? Haben Sie dann das Gefühl, sich im Kreis zu bewegen? Oder fällt es Ihnen leichter, sich zu orientieren, wenn Sie auf etwas Bekanntes stoßen – wie zum Beispiel hier: das Bewegungsschema von Claude Shannons Maus „Theseus". Die Linien zeigen, nach welchem Muster Shannons „logische Maus" ihre Umwelt prüft und verarbeitet. Sie sehen, wie sie sich Abzweigungen einprägt und so immer besser versteht, an welchem Punkt des Labyrinths sie sich gerade befindet. Dieser kybernetische „Theseus" hätte Ariadnes Hilfe wohl nicht benötigt.

Aber was heißt das eigentlich: sich zu orientieren, sich in einer fremden Umgebung, in einem unbekannten Raum, ja überhaupt in einer unüberschaubaren Situation zurechtzufinden?

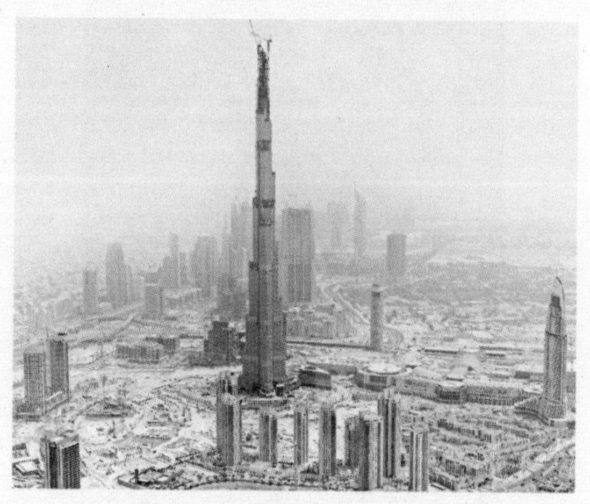

3.06 Vor einiger Zeit machte ich in Turin einen Italienisch-Sprachkurs. Eine polnische Studentin, die ebenfalls an dem Sprachkurs teilnahm, sagte zu mir, der minimale Wortschatz in einer fremden Sprache bestehe für sie aus den folgenden vier Ausdrücken: den Wörtern „Ja" und „Nein" und den beiden Fragen „Wie teuer ist das?" und „Wie komme ich hier raus?" – Könnten Sie sich vorstellen, mit diesem Minimalwortschatz in einer für sie völlig fremden Umgebung durchzukommen?

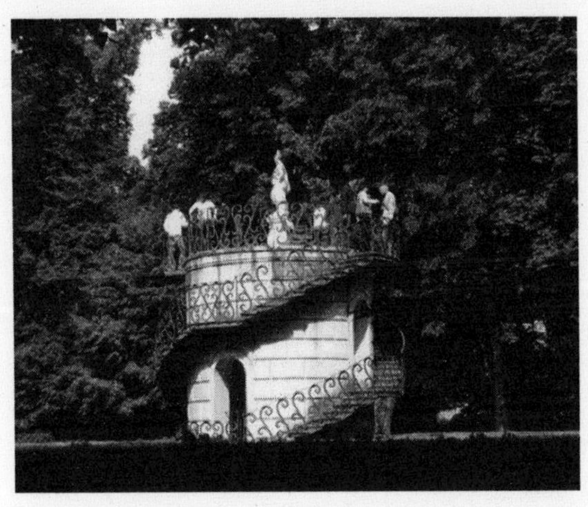

3.07 Auch das nächste Bild, das den Turm im Zentrum des Heckenirrgartens der Villa Pisani in der Nähe von Padua zeigt, ist ein Rückgriff. Das Versprechen dieser Gartenanlage lautet: Wer das Labyrinth durchwandert, wird am Ende eine steile Wendeltreppe erreichen, die sich um den Turm windet, und dann auf einem Plateau ankommen. An einem Punkt, von dem aus die verwinkelten und verschlungenen Gänge, ja der gesamte Raum des Labyrinths, überschaubar wird und einen sinnvollen Zusammenhang bildet. Michel de Certeau nannte diese Turmperspektive einmal „das Phantasma des Wissens". Aber dazu am Ende mehr.

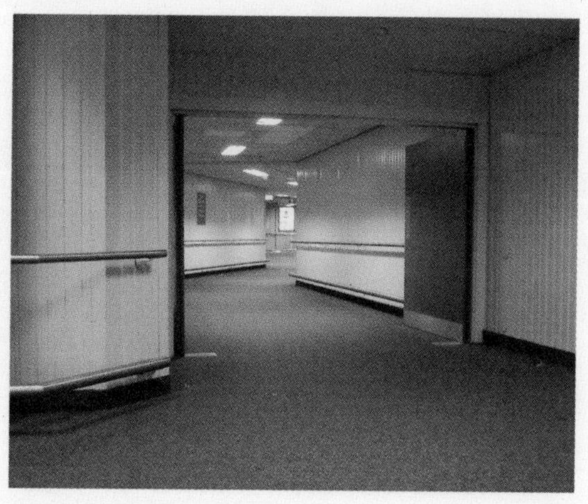

3.08 Hier ein ganz anderes Bild, ein Gang. Keine Turmperspektive, sondern der Blickwinkel des Fußgängers. Anders als für denjenigen, der vom Turm aus schaut, ist die Welt für Fußgänger oft konfus, schwer überschaubar, verworren.

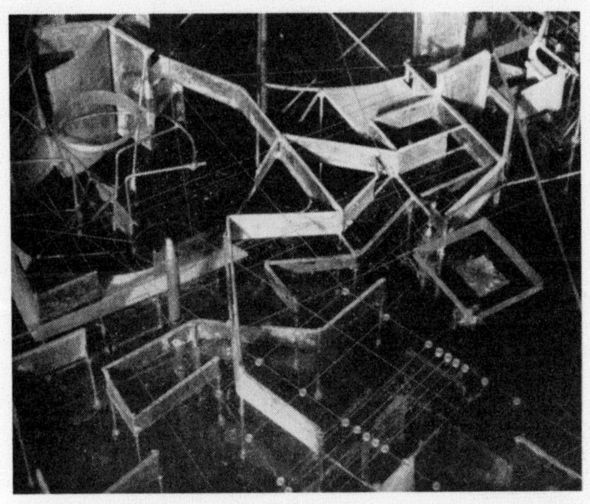

3.09 Wir sollten noch einmal auf unsere Ausgangsfrage zurückkommen: Weshalb findet Theseus nur mit Hilfe des Ariadnefadens den Ausgang des Labyrinths? Wird dieses Architekturgebilde unübersichtlicher, je länger sich Theseus in ihm bewegt?

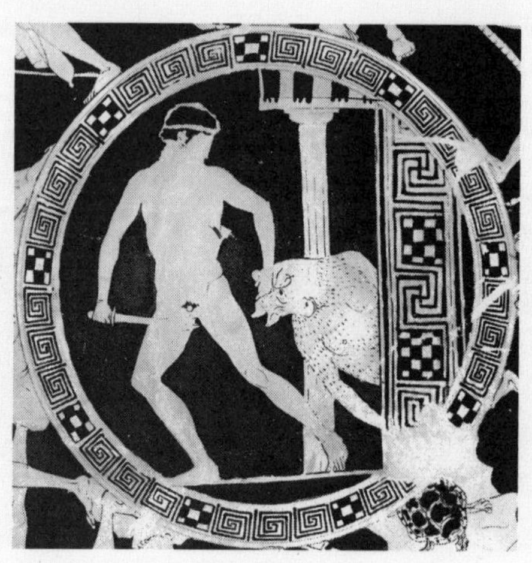

3.10 Oder wurde es für ihn erst in dem Augenblick zu komplex, als seine Mission, den Minotaurus zu töten, erfüllt war? War er deshalb planlos und ohne Ziel? Musste Theseus erst lernen, sich neu zurechtzufinden?

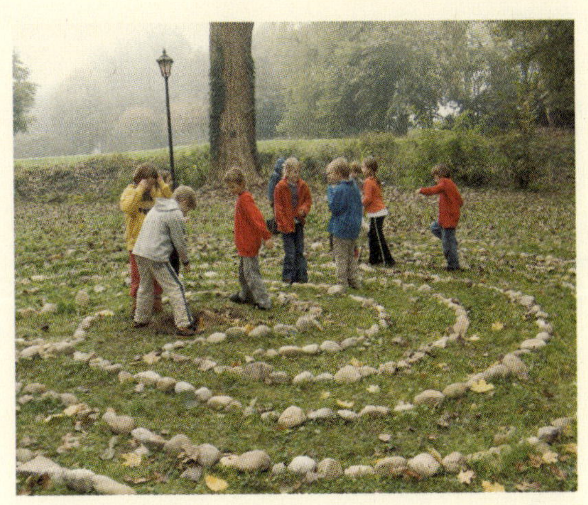

3.11 Ohne Frage: Im Labyrinth machen wir uns unsere Verstrickung im Raum bewusst. Wir verstehen, wie wichtig es ist, dass wir fähig sind, uns zu orientieren und die Bewegung des Körpers auf ein Ziel hin auszurichten. Dass wir fähig sind, uns von Umweltsignalen leiten zu lassen und gleichzeitig, wenn es darauf ankommt, wissen, dass wir selbst steuern, die Kontrolle behalten und uns in widersprüchlichen Momenten richtig entscheiden.

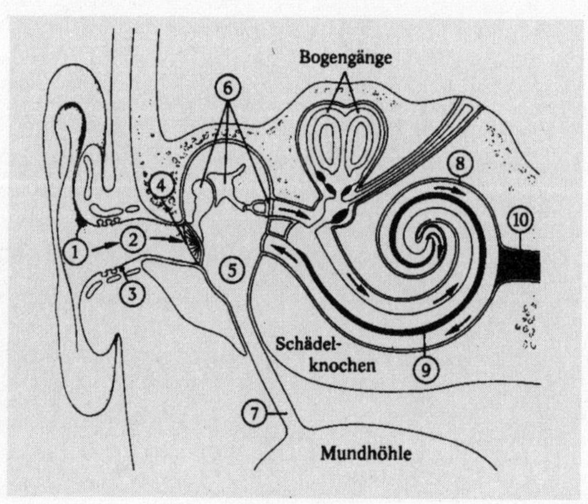

3.12 Interessanterweise haben die Anatomen jenes Organsystem in unserem Innenohr, das für unseren Gleichgewichtssinn verantwortlich ist, Labyrinth genannt. Gemeint ist damit jener komplex gestaltete Hohlraum im Felsenbein, der als knöchernes Labyrinth, auf lateinisch „Labyrinthus osseus", bezeichnet wird.

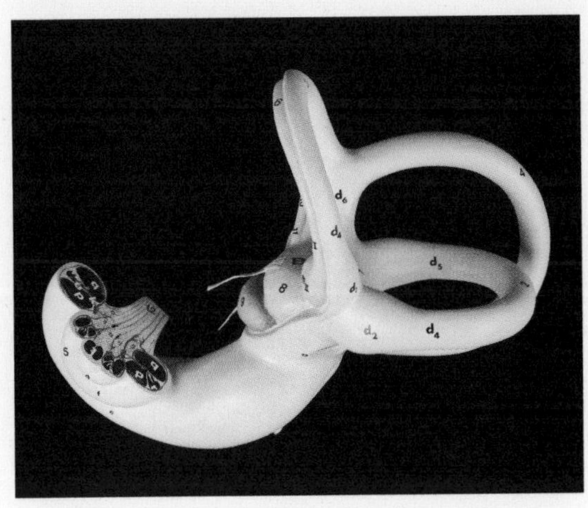

3.13 Dieser Hohlraum ist von einem Knochen umgeben, der nach dem Zahnschmelz das härteste Material im menschlichen Körper ist. In diesen Hohlraum ist ein formgleiches häutiges Labyrinth – in der Sprache der Mediziner: „Labyrinthus membranaceus" – eingespannt. Das knöcherne Labyrinth wird von Perilymphe, einer natriumreichen Flüssigkeit, ausgefüllt; das häutige Labyrinth von Endolymphe, einer kaliumreichen Flüssigkeit. Die Bogengänge haben für das Hören keine Funktion. An ihren ampullenartig erweiterten Enden befinden sich die Sinneszellen des Drehsinns.

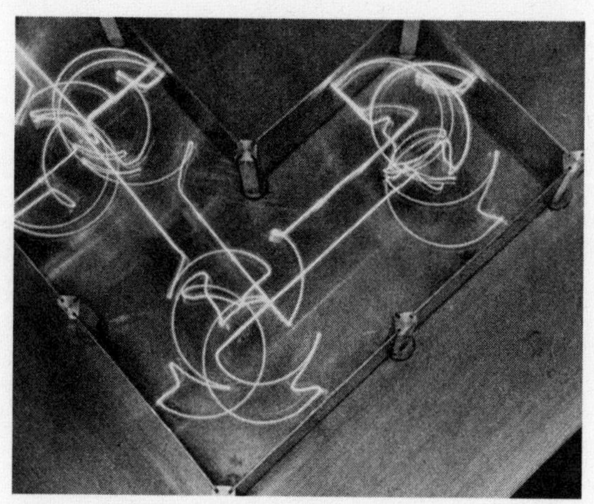

3.14 Mit dem Labyrinth in unserem Ohr verfügen wir über ein Organ, das uns hilft, den Weg durch die äußeren Labyrinthe zu finden. Innen und außen ragen bei diesem sprachlichen Parallelismus, dieser Homonymie, ineinander.

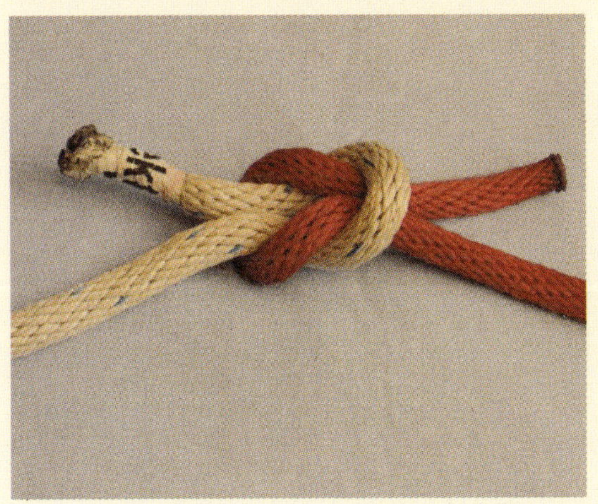

3.15 Natürlich ist es an dieser Stelle hilfreich, präziser zu bestimmen, was für eine Vorstellung von Raum wir uns machen müssen, um beschreiben zu können, was es heißt, sich zu orientieren.

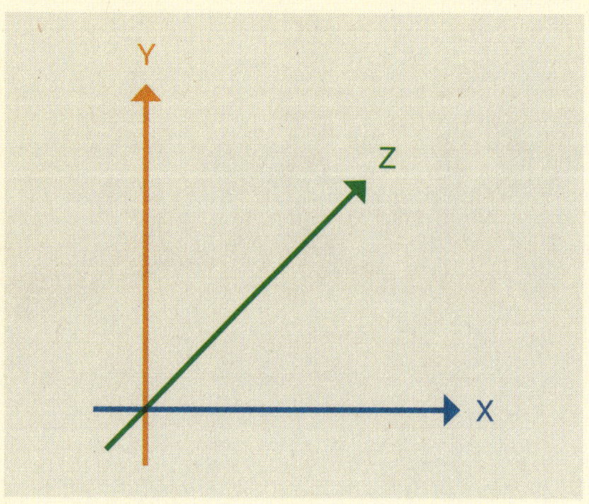

3.16 Sprechen wir vom euklidischen Raum, der sich allein durch messbare Ausdehnungen – Höhe, Breite und Tiefe – definiert? Für den griechischen Mathematiker Euklid spielte die Existenz von Körpern im Raum keine Rolle. Raum war für ihn eine rein mathematisch-physikalische Größe.

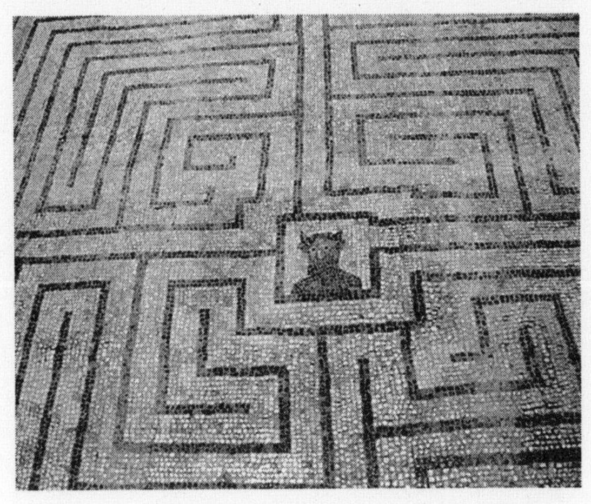

3.17 Aber der Raum des Labyrinths ist kein leerer Raum. Ganz im Gegenteil. Er ist ein komplexes Beziehungssystem, voll von gangbaren und zu gehenden Wegen. Gottfried Wilhelm Leibniz hat für eine solche Vorstellung von Raum den Begriff des „relationalen Ordnungsraums" geprägt. Ein Raum, der bestimmt ist durch die Beziehung der Dinge in ihm, durch eine, wie Leibniz es nennt, Ordnung des Nebeneinanderbestehens – Theseus und Minotaurus.

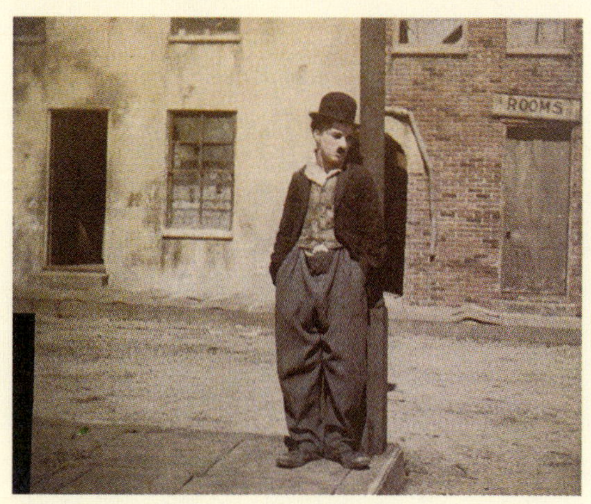

3.18 Der Raum wird hier zu einem Medium, zum Ausdruck von Beziehungen und Verhältnissen. Wir orientieren uns am Nebeneinander, an den Gleichzeitigkeiten ebenso wie an den Gegensätzen, Kontrasten und Überlagerungen, die wir im Raum vorfinden, ja die den Raum erst produzieren, und den wir mitproduzieren, indem wir uns in ihm bewegen.

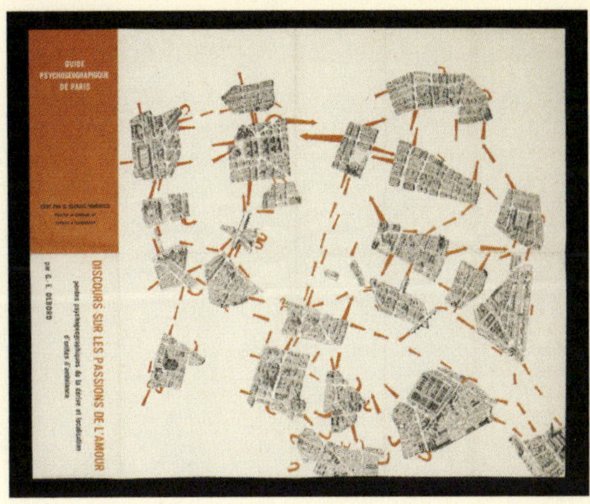

3.19 Um diese vielfältigen Relationen zu erkunden, erfanden die Situationisten in den 1950er Jahren die Methode des Dérive, des planlosen Umherschweifens. Guy Debord, einer der Ideengeber des Situationismus, sprach von einem „labyrinthe éducatif“, auch dazu später mehr.

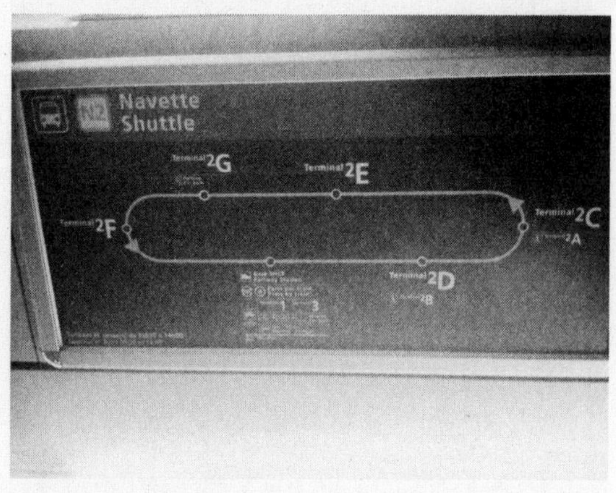

3.20 Um unsere Vorstellung vom Raum zu komplettieren, ist die Dimension der Zeit zu ergänzen. Denn jede Bewegung im Raum, jede Positionsänderung in ihm, findet in der Zeit statt. Nach dem Verständnis von Einstein ist ein Verständnis des Raums ohne die Dimension der Zeit unmöglich. Raum und Zeit sind nicht absolut, sondern nur relativ zum jeweiligen Bezugssystem der Beobachter zu bestimmen.

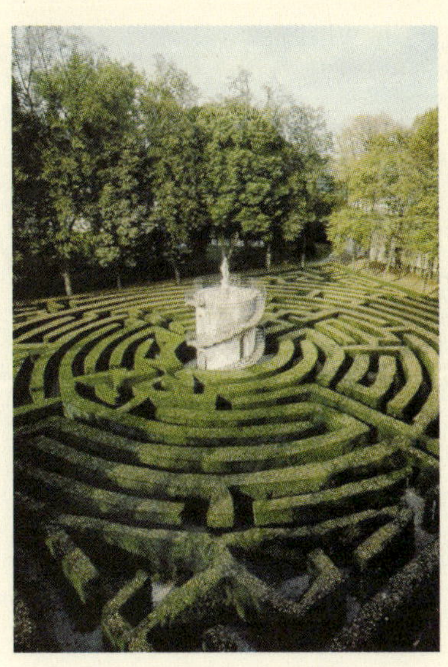

3.21 Vom Turm aus gewinnt der Betrachter einen anderen Eindruck vom Raum als wenn er sich zwischen den dichten Heckenwänden bewegt. Allerdings muss er zuerst einen Weg durch das Gewirr von Gängen finden, um am Ende, nach geglückter Reise sozusagen, die Turmperspektive einnehmen zu können. Dieses Raumsetting folgt einer bestimmten Bedeutungsdramaturgie: Wissen ist hier ein Versprechen auf Übersicht.

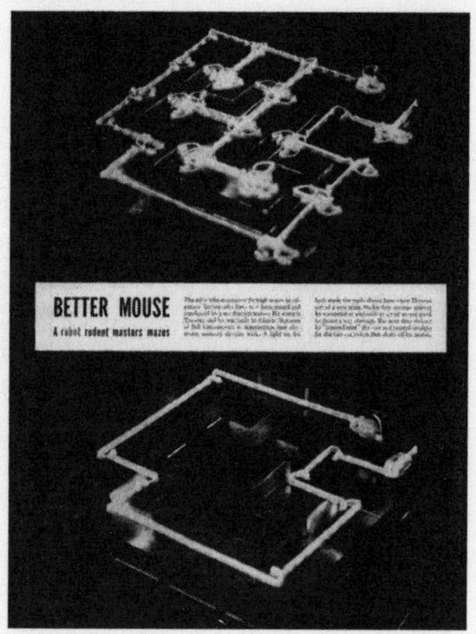

3.22 Auch „Theseus“, die logische Maus, die heute als eine der ersten selbstlernenden Maschinen gilt, erschloss sich den Raum des Labyrinths über die zeitliche Dimension. Sie speicherte in ihrem elektronischen Gedächtnis jede Wand, an die sie mit ihrem Aluminiumschnurrbart angestoßen war. Sie hatte keine Erinnerung, aber Relais, in denen alle Informationen über den Raum abgelegt wurden. So konnte sie, nachdem sie bei der ersten Passage durch das Labyrinth noch herumgeirrt war, bereits beim zweiten Durchgang auch die verschlungensten Gangsysteme meistern, ohne ein einziges Mal vom Weg abzukommen. Sie konnte den Raum so präzise speichern, dass sie sich von nun an blind durch ihn bewegen konnte.

↖ RAMP

08L·26R

3.23 Ganz so wie „Theseus“, die Maus, gelingt es uns nicht. Aber auch wir sammeln immer mehr Informationen über einen bestimmten Raum an, je öfter wir uns durch ihn hindurchbewegen. Welcher Art diese Informationen sind, beschäftigte in den 1950er Jahren den amerikanischen Stadtplaner und Architekten Kevin Lynch. Er suchte nach einer wissenschaftlichen Methode, um zu verstehen, wie sich Menschen im urbanen Raum orientieren.

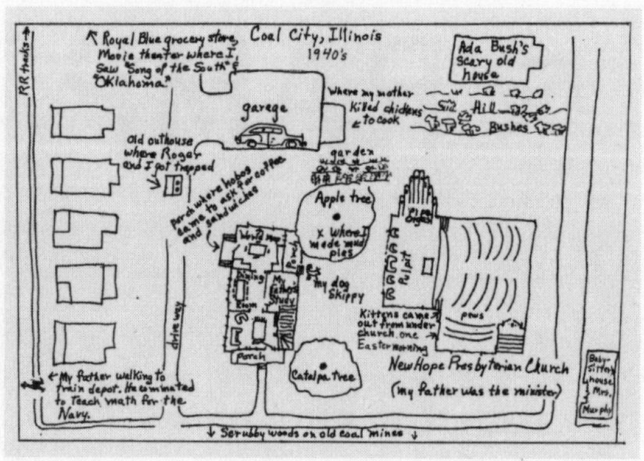

3.24 Sein Buch „The Image of the City“ trug maßgeblich dazu bei, kognitive Karten als Untersuchungswerkzeug in die Sozialgeografie einzuführen.

Ich kann Ihnen sehr empfehlen, gewissermaßen als eine Art Selbstexperiment, die Fragen, die Kevin Lynch seinen Probanden stellte, einmal für sich zu beantworten. Sie können sehr viel darüber erfahren, wie Sie sich durch den Raum bewegen. Hier ein paar Beispiele aus Kevin Lynchs Fragenkatalog:

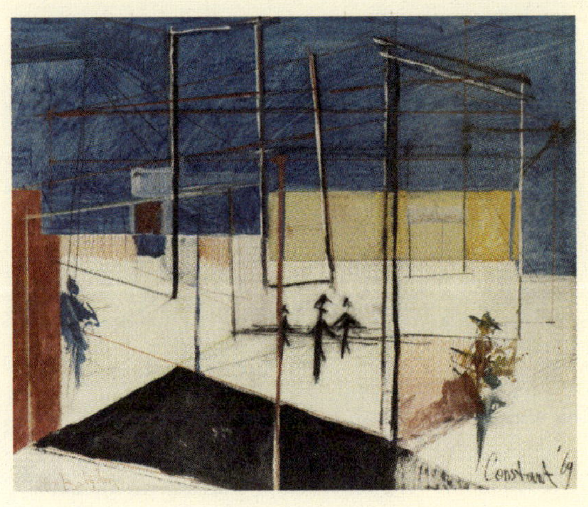

3.25 „Frage 3. a)

Geben Sie bitte vollständig und deutlich die Richtungen Ihres Weges von der Arbeitsstätte nach Hause an. Stellen Sie sich vor, Sie machen den Weg tatsächlich, und beschreiben Sie die Reihenfolge der Dinge, die Sie entlang des Weges sehen, hören oder riechen werden; vergessen Sie dabei nicht, jene Wegschilder und Anhaltspunkte zu erwähnen, die ein Fremder benötigen würde, wenn er die gleichen Entscheidungen wie Sie zu fällen hätte. Wir interessieren uns für die äußere Erscheinung der Dinge. Es ist nicht so wichtig, wenn Sie sich an Straßen- oder Platznamen nicht mehr erinnern können. (Während des Berichtes soll der Fragesteller möglicherweise um detailliertere Beschreibungen bitten)."

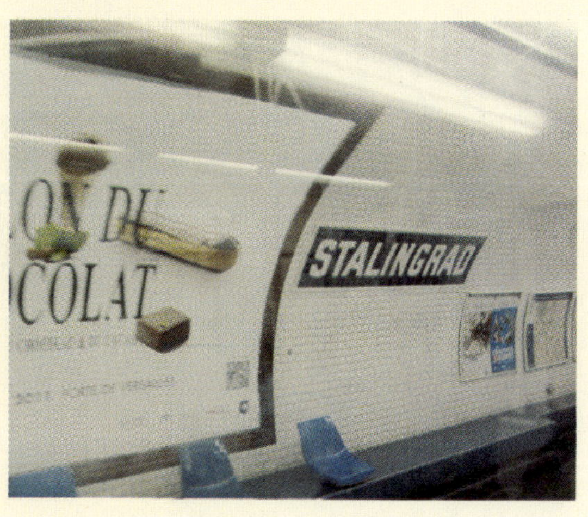

3.26 „Frage 3. b)

Verbinden Sie mit gewissen Wegstrecken besondere Gefühlsregungen? Wie lange dauert der Weg? Gibt es Wegstrecken, auf denen Ihr Orientierungssinn getrübt ist?“

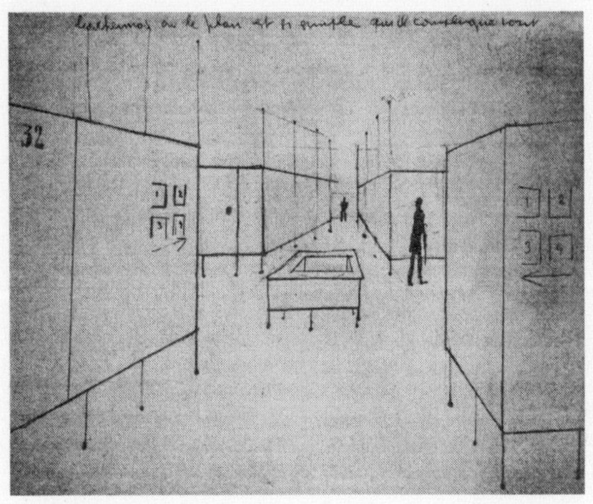

3.27 Kevin Lynch war Wissenschaftler und Stadtplaner. Er war der Ansicht, dass man Städte optimieren müsse, und dass sich die Bewohner emotional stärker mit ihnen identifizieren würden, wenn Architekten und Stadplaner bei der Gestaltung einer Stadt bestimmte Dinge berücksichtigen würden. Natürlich war ihm klar, dass unsere Wahrnehmung der Stadt nicht ungeteilt und gleichmäßig ist, sondern vielmehr fragmentarisch und sich mit anderen Dingen und Interessen vermischt. Um so wichtiger erschien es Kevin Lynch, mehr darüber zu erfahren, wie wir eine Stadt wahrnehmen und wie sich die vielen Eindrücke zu einem Vorstellungsbild zusammensetzen, das uns hilft, uns zu orientieren.

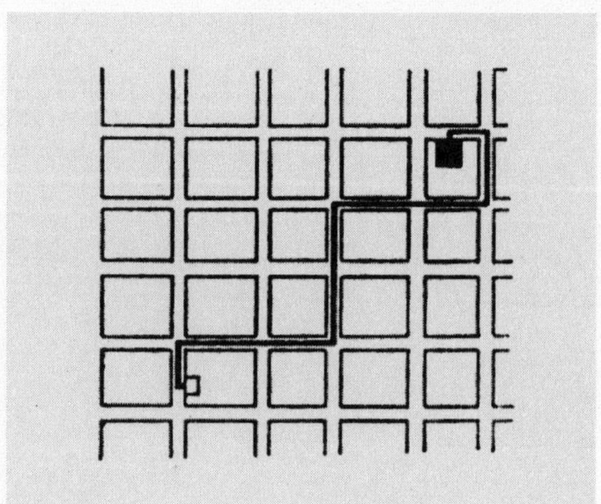

3.28 So schreibt Kevin Lynch in der Einleitung zu „The Image of the City“: „Trotz einiger noch ungelöster Rätsel hält man es heute für unwahrscheinlich, daß es irgendeinen mystischen Orientierungs-‚Instinkt‘ gibt. Viel eher handelt es sich um folgerichtige Anwendung und Organisation ganz bestimmter, der Außenwelt zugehörenden Sinneshilfsmittel. Diese Organisation ist von grundlegender Bedeutung für die Leistungsfähigkeit und das Fortbestehen frei sich bewegender Lebewesen.“

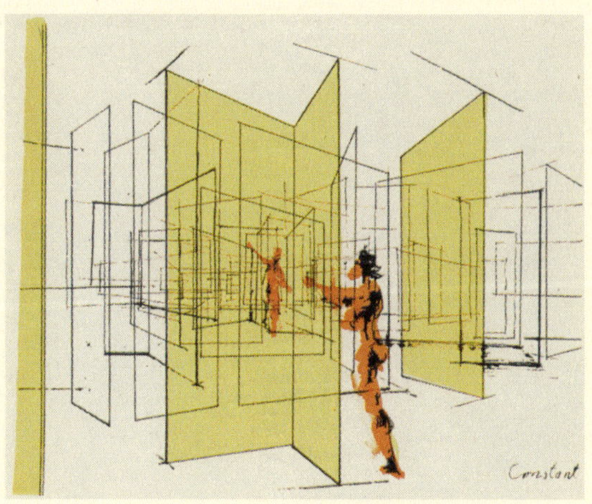

3.29 Und wenige Zeilen danach: „Es ist klar, daß ein deutliches Bild einen befähigt, sich leicht und schnell umherzubewegen und z.B. das Haus eines Freundes, einen Polizisten oder einen Knopfladen zu finden. Aber eine geordnete Umgebung kann mehr als nur dies bewirken; sie kann eine breite Basis für Beziehungen bilden, sie kann Aktivität oder Anschauung oder Erkenntnisse fördern."

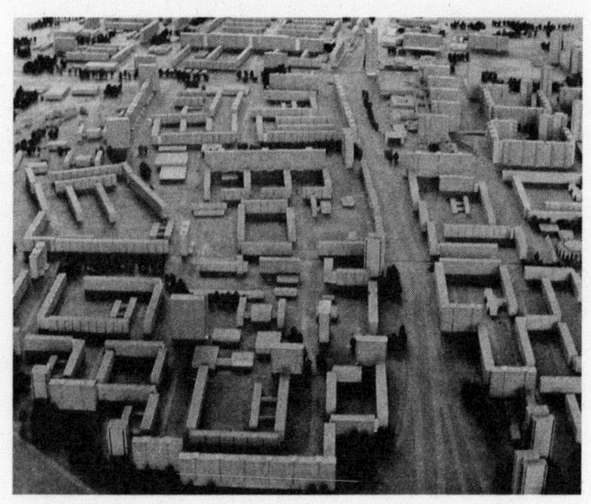

3.30 Die Stadtneugründungen der Moderne, deren planerische Intention es war, sich von der Enge und Unübersichtlichkeit der traditionellen Stadt frei zu machen, boten auch den Anlass, über neue Orientierungssysteme im Urbanen nachzudenken. An die Stelle von Straßennamen trat dabei oft ein rein nummerisches System, mit dem jedes Haus, jeder Wohnblock eine eindeutige und logische Positionierung im Raum erhalten sollte. Neben Brasilia ist Halle-Neustadt ein Beispiel für einen solchen Ansatz.

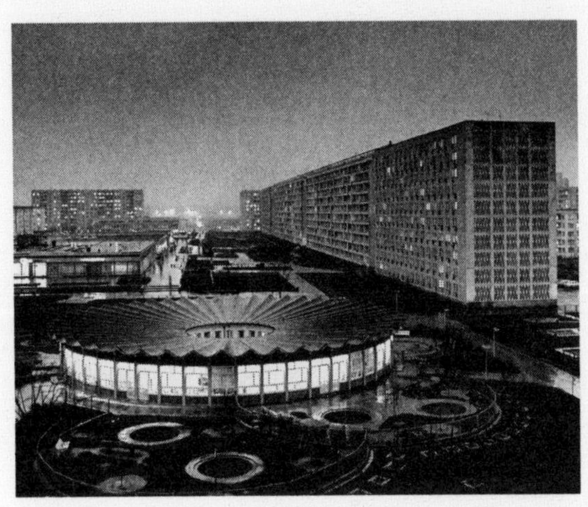

3.31 Die Bezeichnung aller Gebäude in Halle-Neustadt erfolgte seit dem Bau der Siedlung in den 1960er Jahren nach einem logischen System. Dieses System wurde erst 1990 durch eine Neuorganisation des Straßensystems korrigiert. Zu jenem Zeitpunkt lebten circa 100.000 Menschen in Halle-Neustadt.

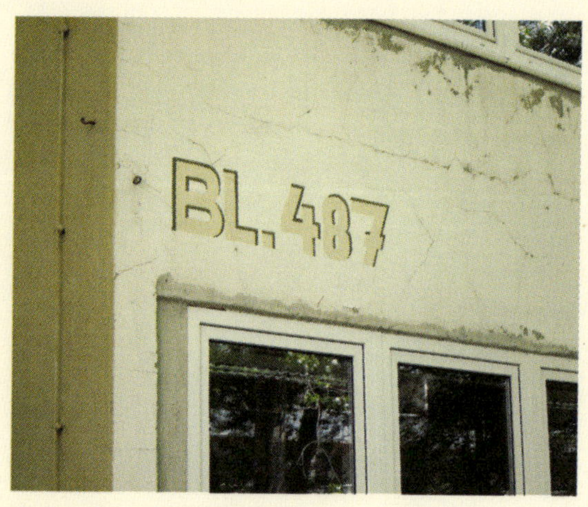

3.32 Die Nummerierung jedes einzelnen Wohnblocks sollte den Bewohnern und Besuchern die Orientierung erleichtern und eine maschinelle Postverteilung und -zustellung ermöglichen. Alle Wohnkomplexe erhielten als Orientierungsziffer eine Hunderter-Stelle – WK III, das heißt der Wohnkomplex III, die 200; WK IV die 300; WK II die 400; WK VII die 500; WK I die 600. Dann erhielt jedes Gebäude eine Nummer nach folgender Logik: Je näher die Gebäude am Stadtzentrum lagen desto niedrigere Zehner- und Einerstellen bekamen sie. Fortlaufend nummerierte Gebäude (gleiche Zehnerstelle) lagen an der gleichen Straße. Man ging davon aus, dass dieses System bessere Orientierungsmöglichkeiten als Straßennamen biete.

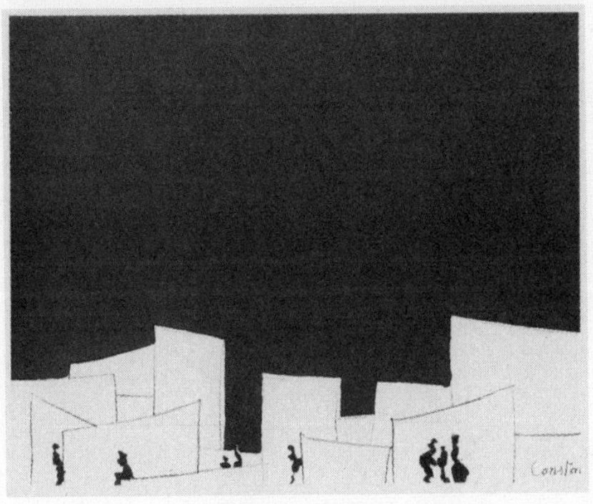

3.33 Was sich allerdings als Irrtum erwies, wie aus dem Leserbrief von Rudolf Dorn an eine Hallenser Lokalzeitung aus dem Jahre 1968 hervorgeht:

„Die Mathematisierung von Bereichen der Umwelt ist objektiv notwendig. Wir müssen künftig verstärkt in nummerischer Form Dinge bezeichnen und Zusammenhänge darstellen. Als Organisator für elektronische Datenverarbeitungsanlagen weiß ich, welchen hohen Informationsgehalt durchdachte Nummernsysteme haben können.

Doch leider ist in Halle-Neustadt die Möglichkeit und darüber hinaus die Notwendigkeit, die Gebäude, nach einem logischen System zu nummerieren, das ‚Orientierung erleichtert', in erschreckender Weise mißachtet worden. Die Eindeutigkeit der Zahlensprache wird, wenn man unsystematisch nummeriert, automatisch zur Falschinformation."

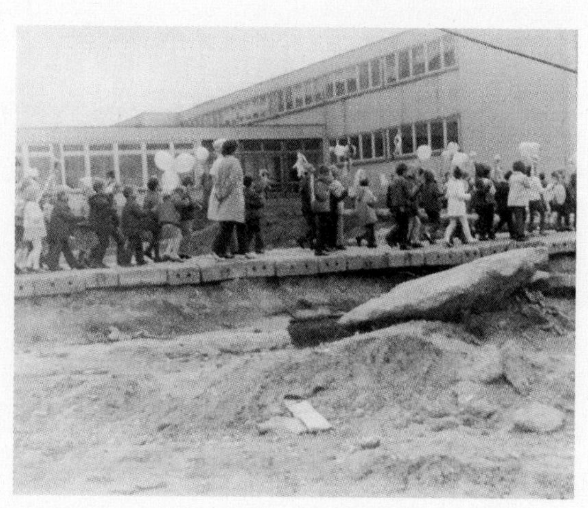

3.34 „Denn die Logik zwingt, zum Beispiel Wohnblock 645 in Fortsetzung der Blöcke 642 bis 643 bis 644 zu suchen; man kann ihn gar nicht zwischen den Blöcken 656 und 681 vermuten. Dort aber steht er in Halle-Neustadt. Dort soll man 681/682 finden zwischen 636 und 645 einerseits und 660, 662 [...] andererseits. Die Gebäudenummern sind mehr oder weniger systematisch gemischt.

Die Blöcke 641 bis 645 liegen nicht an einer Straße, 651 bis 659 auch nicht. Auch trifft nicht zu, daß ein Block desto näher am Zentrum liegt, je niedriger die Nummer ist: die Reihe 652-631-641-654-643-656 liegt in gleicher Entfernung davon, 683 viel näher daran als 633 usw. Das sind nur ein paar Beispiele aus einem kleinen Bereich des Wohnkomplexes I."

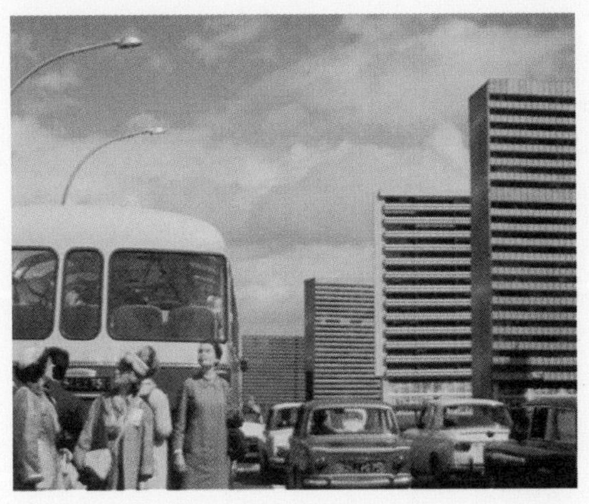

3.35 „Auch ich mußte in diesem Bereich als Besucher einen Wohnblock suchen. Nur nach einem ‚Ablaufen' aller Gebäude kommt man da zum Ziel; denn die Bewohner konnten auch nicht helfen oder ‚tippten' falsch – weil man sich eben eine fehlende Systematik nicht merken kann."

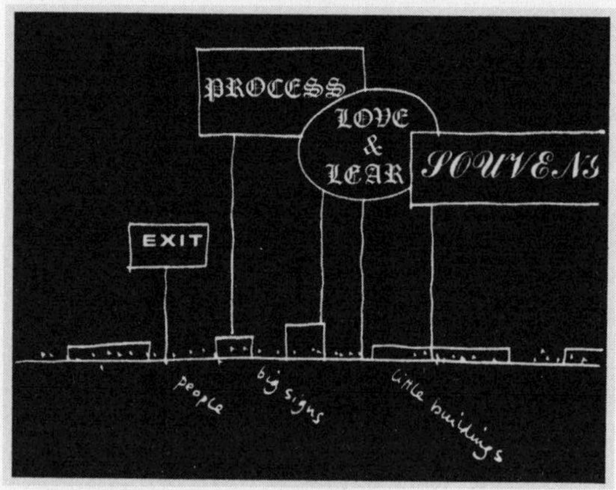

3.36 „Sich ganz und gar zu verirren – das ist wahrscheinlich ein sehr seltenes Erlebnis für die meisten Menschen in einer modernen Stadt. [...] Aber wenn es uns einmal passiert, daß wir uns verirren, dann wird uns durch das Gefühl der Unruhe und des Schreckens klar, wie sehr dieses Mißgeschick unser Gleichgewicht und unser Wohlbefinden beeinflußt. Allein schon das Wort ‚verirrt' (‚lost' = verloren) bedeutet in unserer Sprache mehr als nur geographische Unsicherheit; in ihm schwingen Obertöne, die absolutes Entsetzen ausdrücken", schreibt Kevin Lynch in „The Image of the City". In einigen Passagen seines Buches scheint es, als würde Lynch gegen jene schockhafte Erfahrung von Urbanität anschreiben, die dem Labyrinthmythos zu Grunde liegt.

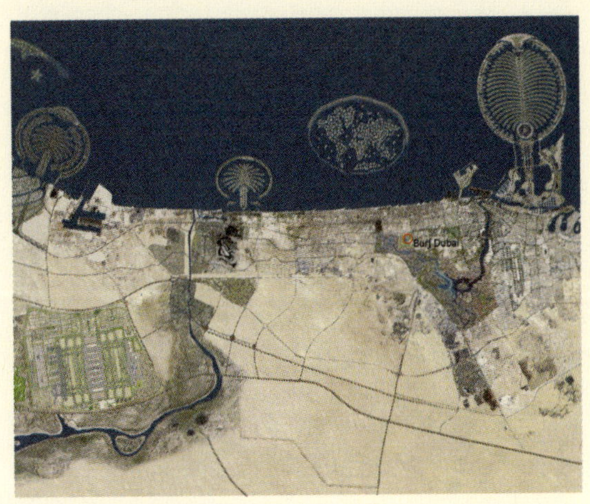

3.37 Wenn manche seiner Vorstellungen sich heute in pervertierter Form im Begriff der „Image-City“ wiederfinden lassen, dann, weil Kevin Lynch dieser Richtung durchaus Vorschub geleistet hat. Die Stadt, das Urbane, das sich mit Henri Lefèbvre als die „Verdichtung von Unterschiedlichkeiten“ definieren lässt, wird im Zeitalter der „Image-City“ erneut homogenisiert, diesmal nicht unter dem Paradigma der Funktionalität oder des Bedürfnisses – sondern unter dem des Bildes. Die Stadt, die Kevin Lynch heraufbeschwört, ist bereits jener homogenisierte Raum, in dem an die Stelle der überraschenden Begegnung das Spektakel tritt.

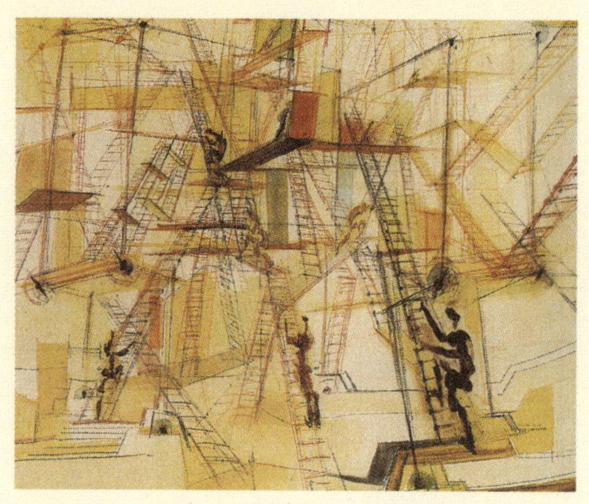

3.38 So heißt es bei Kevin Lynch: „Es muß zugegeben werden, daß eine Umgebung, die Geheimnisse, Irrwege und Überraschungen bereithält, ein gewisses Etwas hat. [...] Aber reizvoll wirkt das alles nur unter zwei Bedingungen: Erstens darf man nicht Gefahr laufen, daß man ganz und gar den Weg und die Richtung verliert und sich nicht mehr auskennt; die Überraschung muß vielmehr in das Gesamtgefüge eingebaut sein, die Gebiete der Verworrenheit müssen im übersehbaren Ganzen klein bleiben. Und zweitens muß das Labyrinth bzw. das Geheimnisvolle an sich eine Form besitzen, die erforscht und mit der Zeit begriffen werden kann. Vollkommenes Chaos ohne irgendeinen Hinweis auf Zusammenhang ist niemals erfreulich."

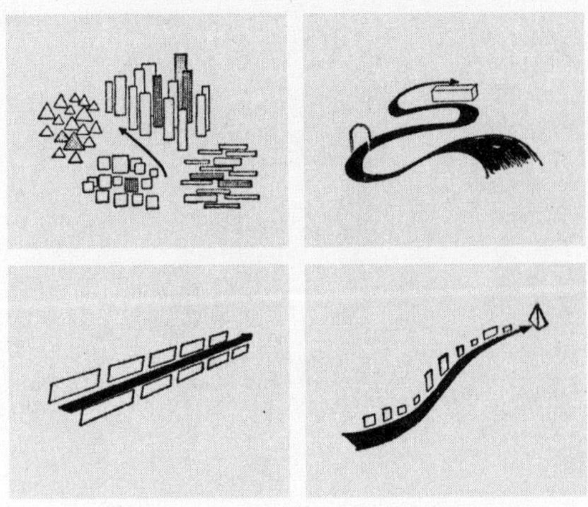

3.39 Sie sehen: Die Frage von Orientierung und Desorientierung im Raum ist untrennbar verbunden mit der Problematik von Raumerfahrung und Raumkontrolle. Oft ist es wichtig, einen Raum möglichst schnell zu durchqueren ...

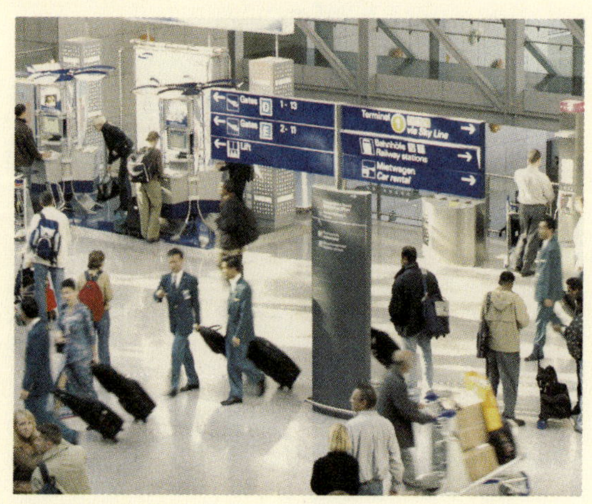

3.40 … also von A nach B zu kommen. Zum Beispiel, wenn wir auf dem Flughafen von einem Terminal zum nächsten eilen. Manchmal ist es ein großes intellektuelles und emotionales Vergnügen, sich die Ordnung des Nebeneinanderbestehens, von der Leibniz spricht, bewusstzumachen und in das Beziehungsgeflecht eines Raums, in jene „Verdichtung von Unterschiedlichkeiten“, tiefer einzudringen.

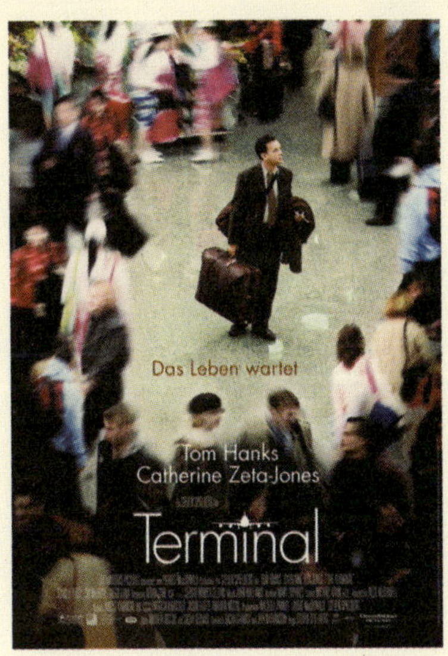

3.41 Viele Flughafen-Filme beginnen damit, dass jemand sein Flugzeug verpasst und so sein eigentliches Ziel aus den Augen verliert. Plötzlich bekommt der Raum, durch den er eben noch blind hindurchgeeilt ist, selbst eine Bedeutung.

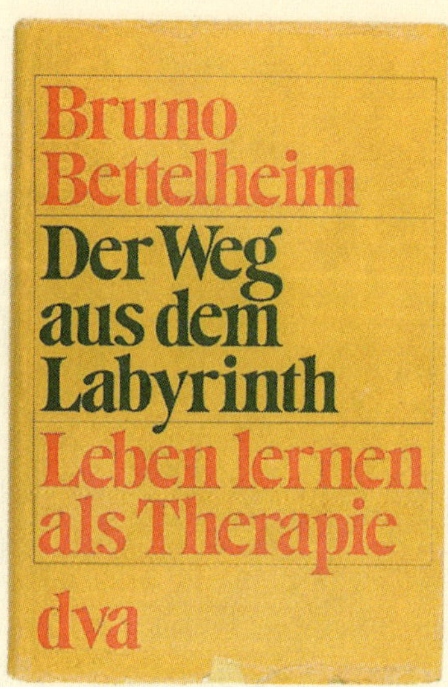

3.42 In Laurence Sterns Roman „The Life and Opinions of Tristram Shandy, Gentleman“, erschienen in neun Bänden zwischen 1759 und 1767, gibt es eine Passage, in der der Erzähler über den Widerspruch reflektiert, der dadurch entsteht, dass man sich gleichzeitig wünscht, ans Ziel zu kommen sowie dem Raum, den man dabei durchquert, Aufmerksamkeit zu schenken. Ich will Ihnen diese Passage nicht vorenthalten:

„Könnte ein Geschichtsschreiber seine Geschichte so vor sich hertreiben wie ein Maultiertreiber sein Tier – immer vorwärts, ohne nur einmal den Kopf nach links oder rechts zu wenden –, dann könnte er es wagen, Ihnen bis auf eine Stunde genau vorherzusagen, wann er ans Ziel seiner Reise kommen werde, das ist aber, moralisch gesprochen, unmöglich.“

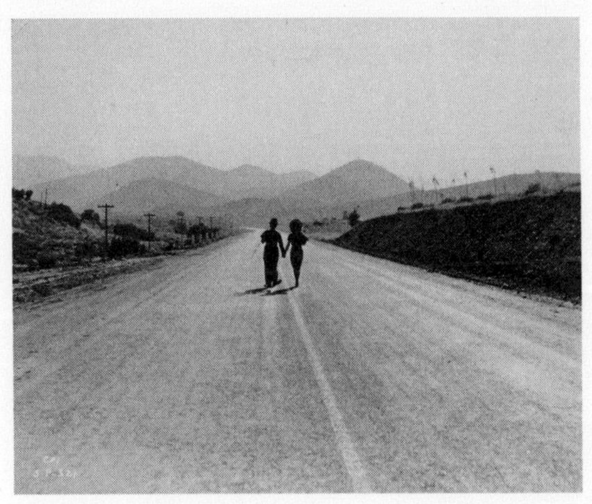

3.43 „Denn wenn er auch nur den mindesten Geist besitzt, wird er auf seiner Straße fünfzig Abweichungen, bald hierhin, bald dorthin, von der geraden Linie zu machen haben, die er keineswegs vermeiden kann. Ohne Unterlaß werden Aussichten und Anblicke seine Augen reizen, und er kann es ebensowenig vermeiden, stehenzubleiben und hinzusehen, wie er fliegen kann. Überdies hat er noch:

Nachrichten zu vergleichen,
Anekdoten zu sammeln,
Geschichten einzuweben,
überlieferte Berichte zu sichten,
Persönlichkeiten zu besuchen,
Lobreden an diese Tür zu kleistern,
Schmähschriften an jene – alles Dinge, die den Mann ebensowenig angehen wie seinen Maulesel."

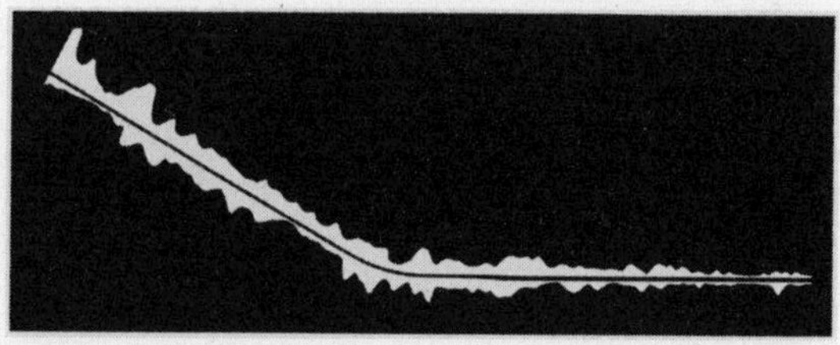

3.44 „Summa summarum, bei jedem Abschnitt gibt es Archive, die er durchsuchen muss, und Protokolle, Berichte, Dokumente und endlose Stammtafeln, zu denen ihn alle Augenblicke das Gerechtigkeitsgefühl zurückruft und bei deren Lektüre er sich aufhalten muss. Kurz, das Ende ist nicht abzusehen. Ich für meinen Teil erkläre, daß ich schon seit sechs Wochen an meinem Werk sitze und mich so wenig wie möglich dabei umgesehen habe – und doch bin ich noch nicht einmal geboren. Alles, wozu ich habe gelangen können, ist, Ihnen zu sagen, wann das geschah, aber nicht wie, Sie sehen also, daß die Sache noch sehr weit vom Ziel entfernt ist.“

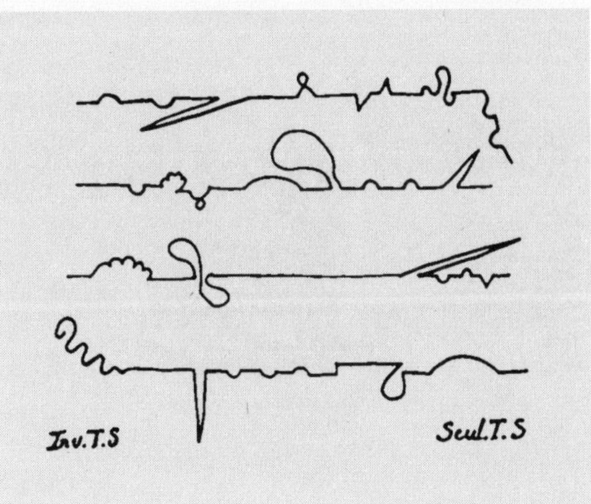

3.45 „Diese unvorhergesehenen Hindernisse, die ich mir, wie ich gestehen muss, überhaupt nicht vorstellen konnte, als ich meinen Weg antrat, die sich aber, wie ich nunmehr überzeugt bin, eher vermehren als vermindern werden, je weiter ich komme, haben mir einen Fingerzeig gegeben, dem ich entschlossen bin zu folgen, und der ist, mich nicht zu übereilen, sondern gemächlich fortzufahren, nicht mehr zu schreiben und herauszugeben als zwei Bände meiner Lebensgeschichte pro Jahr und das kann ich, wenn man mich ungestört weitermachen lässt und mein Verleger mich leidlich bezahlt, mein ganzes Leben hindurch aushalten."

Abschweifen, verweilen oder ans Ziel gelangen. Viele unterschiedliche Dinge in den Blick nehmen oder nur den einen Endpunkt, auf den alles Handeln ausgerichtet ist.

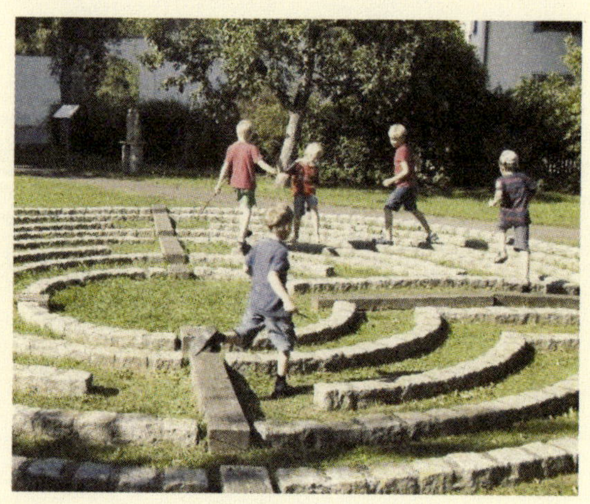

3.46 Bemerkenswert ist, dass in der traditionellen Form des Labyrinths beide Momente eine Rolle spielen. Einerseits gibt es in jedem Labyrinth einen Weg zum Ziel – ganz egal, ob einen einzigen oder viele verzweigte, von denen einige in die Irre führen. In jedem Fall gibt es ein Ziel, auf das alle Bewegung ausgerichtet ist.

Andererseits könnte man jedes Labyrinth auch als einen Ort des Verweilens ansehen. Denn der Weg, den wir im Labyrinth zurücklegen müssen, um ans Ziel zu gelangen, ist maximal gedehnt. Oft ist die Wegführung so gewählt, dass wir bereits Hoffnung haben, dem Ziel nah zu sein, um uns dann noch einmal weit davon entfernen zu müssen, bevor wir endlich am Endpunkt angelangen.

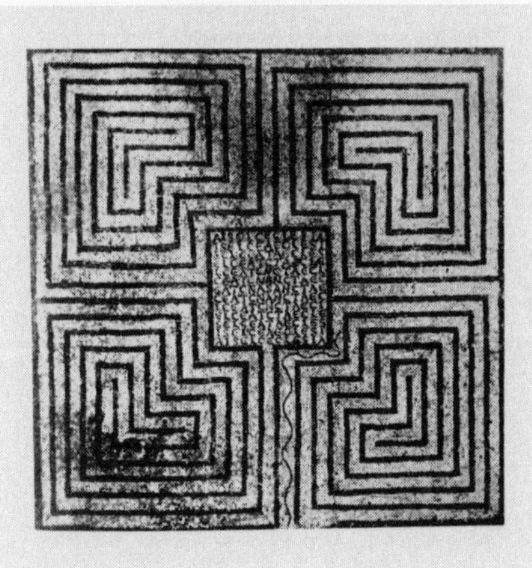

3.47 Das ist das Labyrinth von El-Asnam, das sich heute in der Kathedrale von Algier befindet. Im ersten Moment könnte man den Eindruck gewinnen, auf geradem Wege auf das Buchstabenfeld in der Mitte zusteuern zu können: SANCTA ECLESIA, die Heilige Kirche. Dann aber biegt der Weg nach rechts ab. Nun beginnt ein langer Prozess der Annäherung und Entfernung, bis man nach einer endlos erscheinenden Wegstrecke doch noch ans Ziel gelangt – das letzte Stück des Wegs läuft parallel zur ersten Strecke.

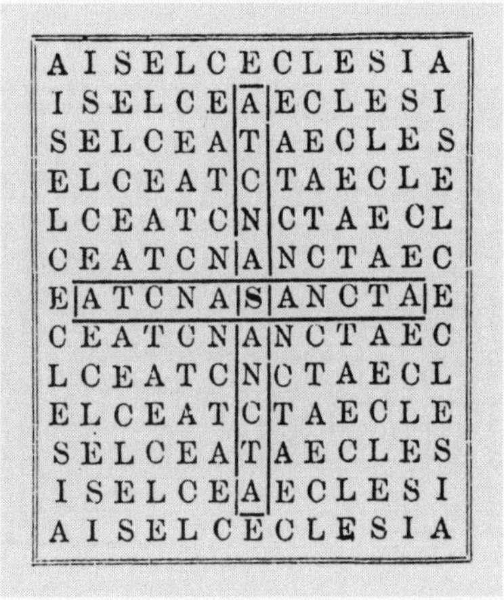

A I S E L C E C L E S I A
I S E L C E A E C L E S I
S E L C E A T A E C L E S
E L C E A T C T A E C L E
L C E A T C N C T A E C L
C E A T C N A N C T A E C
E A T C N A S A N C T A E
C E A T C N A N C T A E C
L C E A T C N C T A E C L
E L C E A T C T A E C L E
S E L C E A T A E C L E S
I S E L C E A E C L E S I
A I S E L C E C L E S I A

3.48 Das Leben ist eben nicht „Der Weg aus dem Labyrinth“, wie die deutsche Übersetzung von Bruno Bettelheims „A Home for the Heart“ suggeriert. Wäre es nicht so abgedroschen, könnte man formulieren: Das Leben ist ein Labyrinth. Ans Ziel gelangen oder verweilen – unablässig muss man sich zwischen beiden Optionen entscheiden, oder sie, wie es in der Form des Labyrinths ja angelegt ist, verbinden.

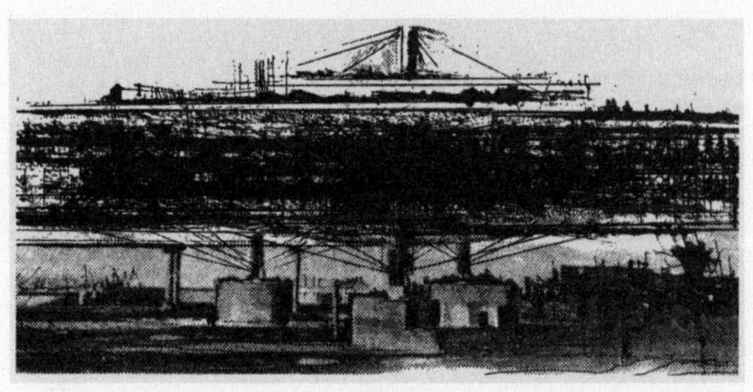

3.49 Die Situationisten haben in ihren Texten das Konzept des Labyrinths häufig mit dem des Lebendigen verknüpft. In Benjamin Constants „New Babylon“ ist mit Labyrinth zunächst eine Gebäudeform bezeichnet, die kulturelle Muster und Gewohnheiten durch räumliche Verwirrung auslöschen soll. Der neubabylonische Lebensraum ist dabei ein dynamisches Labyrinth, um totale Desorientierung herzustellen – eine wesentliche Vorbedingung für eine spielerische Atmosphäre. Die Bewegungen der Menschen sollen hier durch keine Raumplanung und durch keine Rhythmisierung der Zeit gesteuert sein. „Die gesellschaftliche Ungebundenheit des Lebens ist durch die labyrinthische Form der Sozialräume gewährleistet“, formulierte Constant.

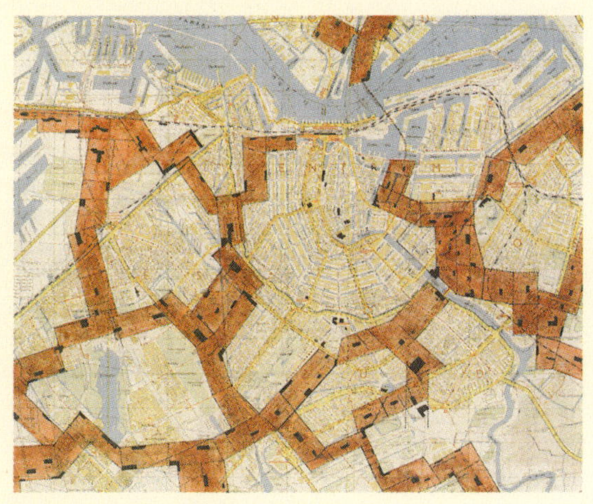

3.50 Wenn die Situationisten von De-Konditionierung sprachen, dann meinten sie damit eine Abkehr von der durch Kultur und Gesellschaft erzeugten Normierung und Disziplinierung; eine Abkehr von der Außensteuerung hin zu einer Selbststeuerung.

Das Labyrinth war für jemanden wie Constant auch ein Modell für eine Wahrnehmungskategorie, die, weil frei von Denk- oder Verhaltensmustern, die Bedingung darstellte für eine neue Art kreativer Potenz: für spielerische Verhaltensweisen, ein Sich-treiben-lassen im Urbanen. Das Prinzip einer permanenten Neuorientierung. Constant hat das auch in eine Architekturform zu übersetzen versucht: Er plante Gebäude, die durch bewegliche Wände wandelbar sind.

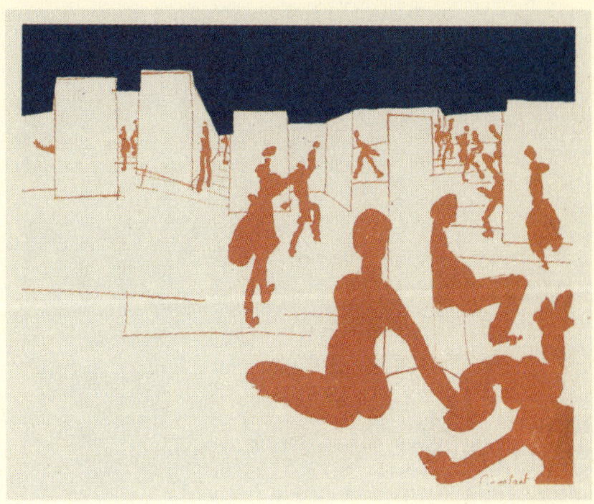

3.51 Er erläuterte dazu: „Unser Gebäude ist nach innen und außen grundsätzlich veränderbar. Es ist nach außen zu erweitern und in seinen Konstruktionsteilen mit anderen, neuen zu verbinden. Es kann der Kern eines ganzen Stadtteils werden, eines Mittelpunktes von Stadt, der die verschiedensten Elemente einbezieht. [...] Im Inneren des Gebäudes ist alles flexibel. Denn das gesamte Gebäude ist das Spielzeug. Stellwände und Konstruktionsteile ermöglichen es, bestehende und entstandene Räume und Gänge, Treppen und Absätze gegeneinander und in sich zu verändern."

Solche Gebäude sollten ganz bewusst auch Hemmnisse und Provokationen baulicher, technischer Art, also „Möglichkeiten zum Verlaufen" schaffen – gleichsam als organisiertes „Mikro-Umherschweifen".

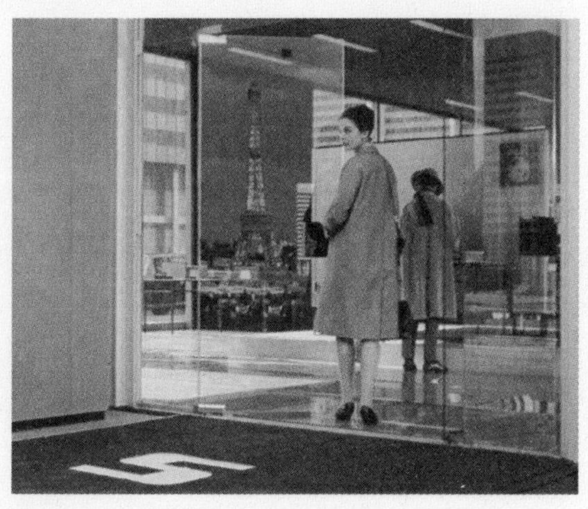

3.52 Das Gebäude in seiner einheitslosen Struktur von Eingang und Ausgang, Wegstrecken, Korridoren und Türen ist jenem Labyrinth ähnlich, das die Situationisten unter dem Arbeitstitel „Die Welt als Labyrinth" für die 1959 geplante Ausstellung im Stedelijk-Museum in Amsterdam installieren wollten: Aus dem Labyrinth der Ausstellung sollte der Besucher am Ende ohne Übergänge ins Labyrinth der Gassen und Grachten treten. Das Labyrinth wird hier verstanden als ein ewig wandelbarer Raum und als Wegstrecke mit eindeutigem Eingang, eindeutigem Ausgang und toten Gleisen, wo man sich ständig unversehens in neuen und anderen Räumen wiederfindet.

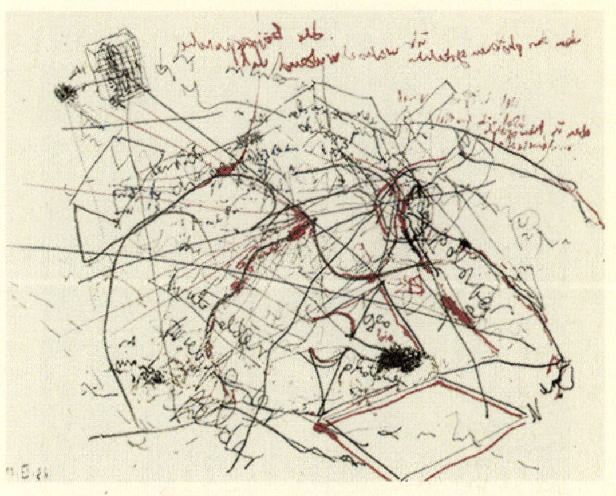

3.53 In derselben Zeit, in der Guy Debord zu seinen „psychogeografischen“ Streifzügen aufbrach und Benjamin Constant in informell-gestisch anmutenden Zeichnungen Studien für eine utopische Architektur entwarf, begann in der kleinen sächsischen Provinzstadt Annaberg-Buchholz der Künstler Carlfriedrich Claus, sich als „Ensemble gesellschaftlicher Verhältnisse“ zu kartografieren.

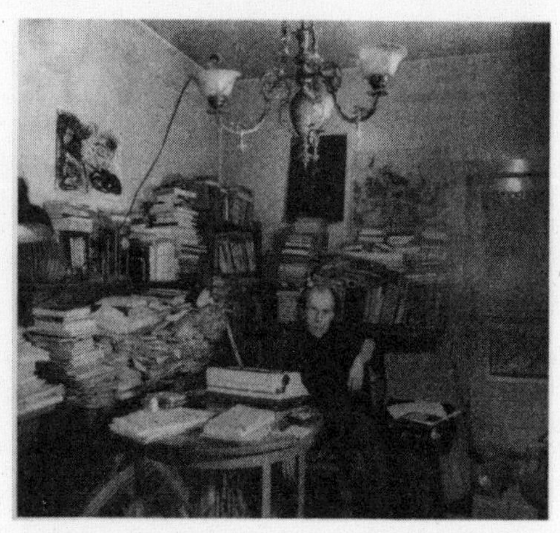

3.54 Was Claus interessierte, war ein „Durchgang durch sich“, ein Dérive durch die eigene physische und psychische Innenwelt, durch ihre individuellen, gesellschaftlichen und geschichtlichen Voraussetzungen. Leben als Experiment. In Schriftfeldern und kleinformatigen Zeichnungen hielt Claus diese „Durchgänge“ fest. Schrift war für ihn immer mit Bewegung verknüpft: mit der Bewegung der Hand ebenso wie mit winzigen mentalen Regungen. Beides zusammen führt auf dem Blatt zu Überlagerung, Schichtung, Verflechtung und Kombination. Schreiben heißt hier: Ein Punkt setzt sich in Bewegung – eine Linie entsteht.

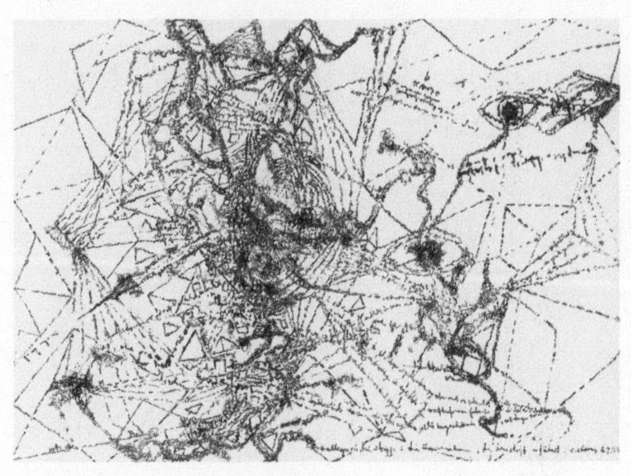

3.55 Die Literaturwissenschaftlerin Annette Gilbert hat beschrieben, wie sich der Betrachter in den Schriftfeldern von Carlfriedrich Claus ähnlich wie in einem Labyrinth bewegt: „Der Rezipient kann sich den Weg durch das Liniendickicht nur schlagen, indem er das Chaos entwirrt, die Schichten voneinander löst und die Textur entflechtet, das heißt, den einzelnen Fäden mit Lupe, Spiegel und Finger geduldig folgt. Der Rezipient wird zum sich mühsam Vorwärtstastenden."

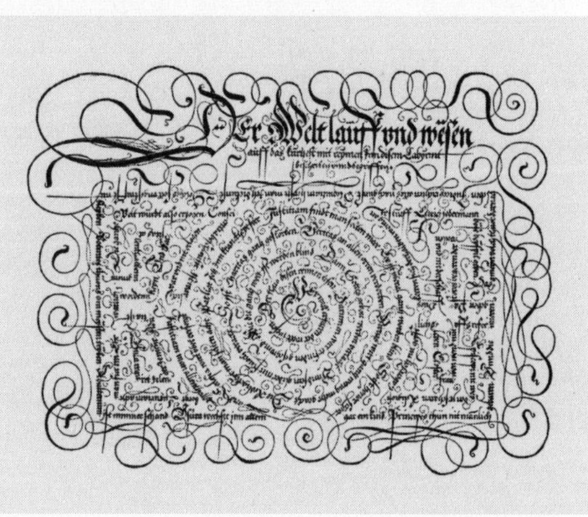

3.56 Ergänzend dazu sei die lange Tradition der Schriftlabyrinthe erwähnt, zum Beispiel Urban Wyss' Tafel mit dem Titel „Der Welt lauff und wesen auff das kürtzest mit reymen Inn diesem Labyrint beschriben unnd begriffen …" aus dem Jahre 1562.

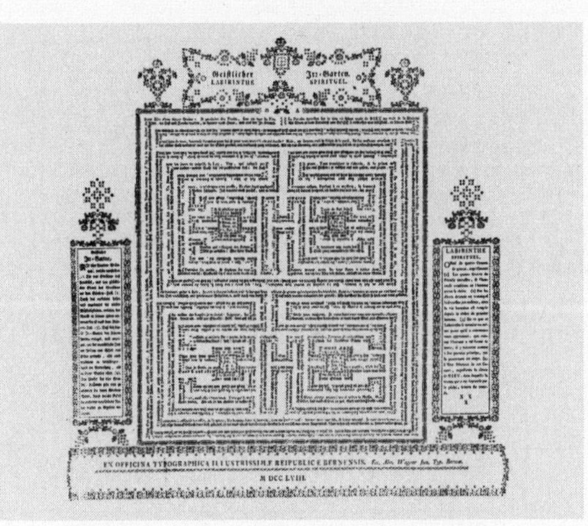

3.57 Oder Albrecht Wagners „Geistlicher Irr-Garten. Labirinthe Spirituel“, in dem der Weg aus dem irdischen Sünden-Labyrinth zum Paradies geschildert wird.

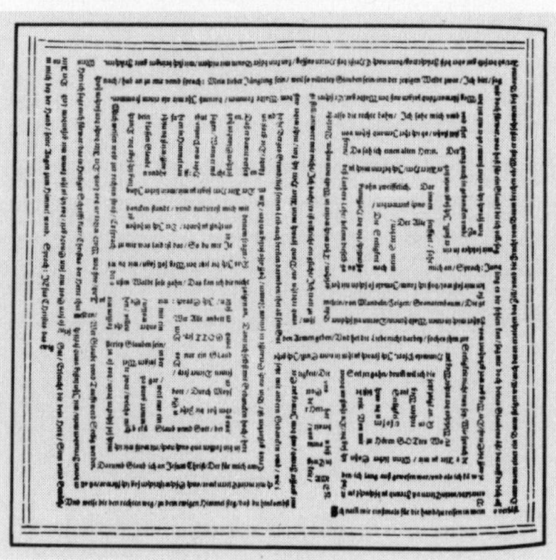

3.58 Oder dieses anonyme Labyrinth-Gedicht aus dem 18. Jahrhundert mit dem Titel „Ich nahm mir einßmals für die Hand…“

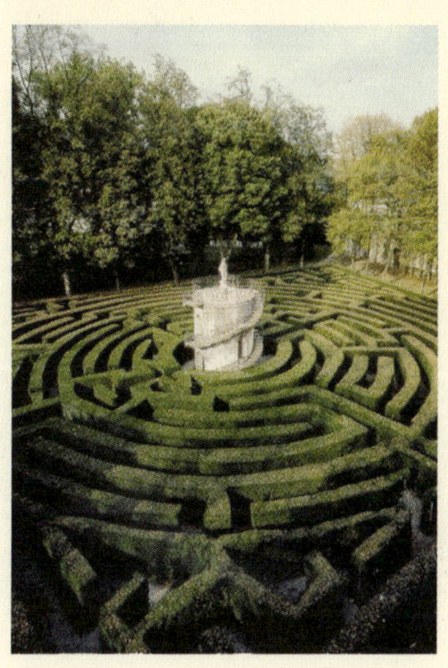

3.59 Aber ich möchte auf etwas anderes hinaus: auf jene Konfiguration des Raums, wie sie sich in dem Labyrinth der Villa Piasani manifestiert.

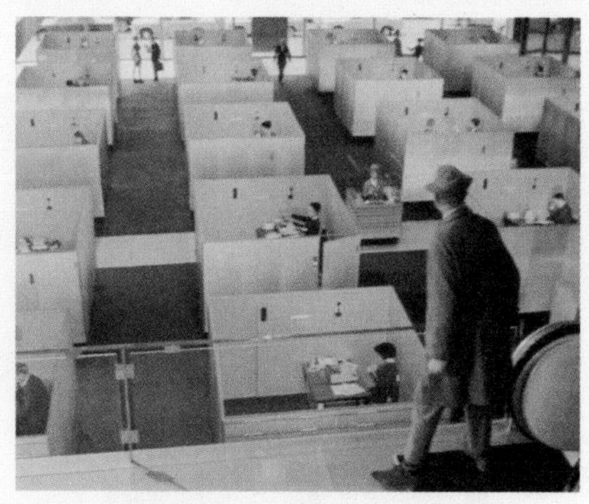

3.60 Die Bewegung des Herumirrens und Suchens auf der einen Seite und der Ausblick, den der Turm bietet, auf der anderen, können als zwei gegensätzliche Konzepte des Wissens verstanden werden. In der ein oder anderen Weise haben wir auf dem Parcours der letzten Stunde immer wieder diesen Gegensatz durchmessen, den Michel de Certeau in seinem Buch „Kunst des Handelns" folgendermaßen beschrieben hat:

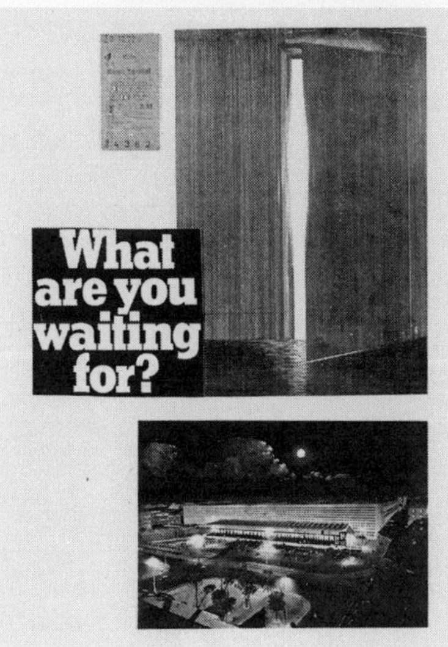

3.61 „Auf die Spitze des World Trade Centers emporgehoben zu sein, bedeutet, dem mächtigen Zugriff der Stadt entrissen zu werden. Der Körper ist nicht mehr von den Straßen umschlungen, die ihn nach einem anonymen Gesetz drehen und wenden; er ist nicht mehr Spieler oder Spielball und wird nicht mehr von dem Wirrwarr der vielen Gegensätze und von der Nervosität des New Yorker Verkehrs erfaßt. Wer dort hinaufsteigt, verläßt die Masse, die jene Identität von Produzenten oder Zuschauern mit sich fortreißt und verwischt. Als Ikarus dort oben über diesen Wassern kann er die Listen des Daedalus in jenen beweglichen und endlosen Labyrinthen vergessen.“

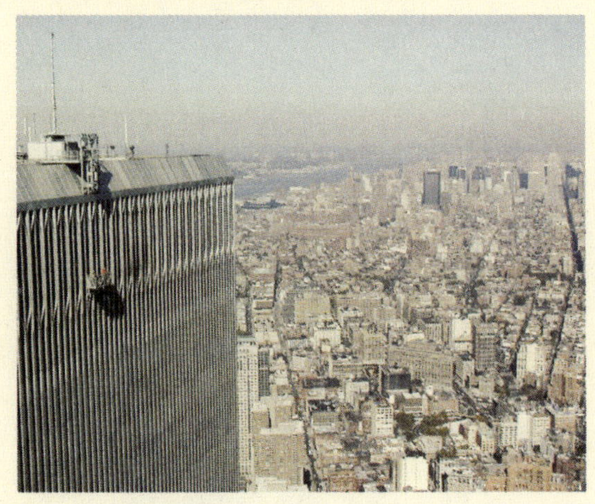

3.62 „Seine erhöhte Stellung macht ihn zu einem Voyeur. Sie verschafft ihm Distanz. Sie verwandelt die Welt, die einen behexte und von der man ‚besessen' war, in einen Text, den man vor sich unter den Augen hat. Sie erlaubt es, diesen Text zu lesen, ein Sonnenauge oder Blick Gottes zu sein. Der Überschwang eines skoptischen oder gnostischen Triebes. Ausschließlich dieser Blickpunkt zu sein, das ist die Fiktion des Wissens."

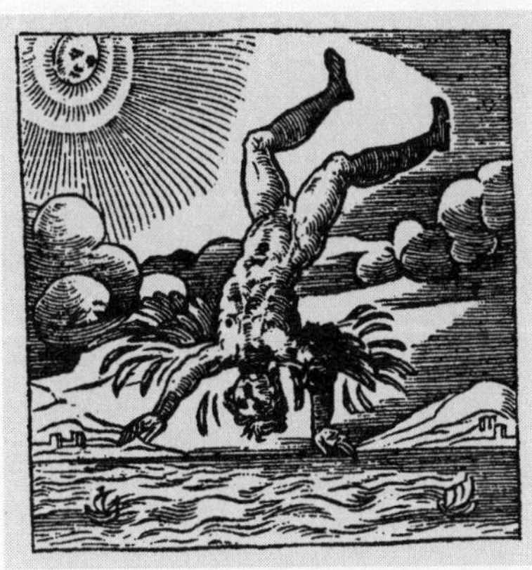

3.63 Daedalus, der Erbauer des sagenhaften Labyrinths, mythischer Urahn aller Architekten, kannte beide Perspektiven: den Blick von unten, die Perspektive des Labyrinths, in das ihn König Minos einsperrte, nachdem Theseus den Minotaurus besiegt und mit Ariadnes Hilfe aus dem Labyrinth wieder hinausgefunden hatte sowie den Blick von oben, die Perspektive Gottes, die Daedalus durch seine Flucht mit den selbstgebauten Flügeln möglich wurde, die aber auch seinen Sohn Ikarus das Leben kostete.

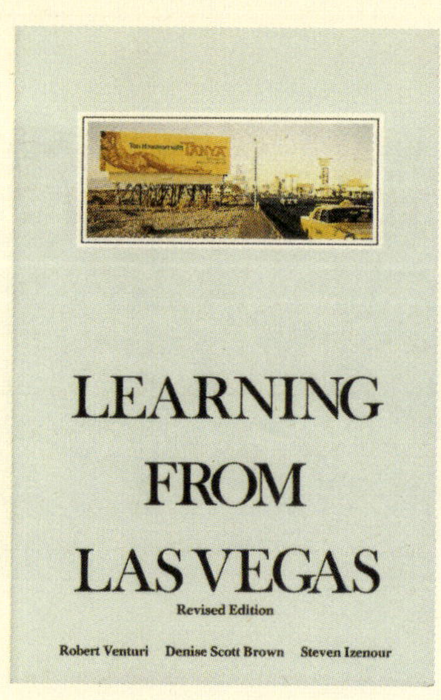

3.64 Vielleicht ist das ein Grund, weshalb ich immer eine besondere Sympathie für Architekten habe, die die Perspektive der Straße, die Perspektive des Fußgängers einnehmen. Ein Paradebeispiel dafür ist jenes labyrinthische Stadtmodell, das Robert Venturi und Denise Scott Brown 1972 in ihrem Buch „Learning from Las Vegas“ vorstellten. Im Zentrum ihrer Untersuchung steht der Las Vegas Strip, eine sieben Kilometer lange, bis auf einen Knick kerzengerade Straße, an der sich eine urbane Ordnung des Nebeneinanderbestehens entfaltet.

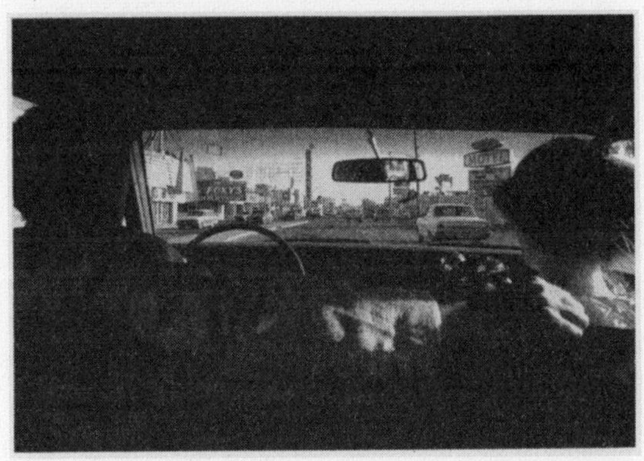

3.65 Die Vorgehensweise der beiden war damals durchaus revolutionär: Architekten einer renommierten Hochschule besuchen das Sündenbabel Las Vegas, ein Eldorado all dessen, was der gute Geschmack jedem Architekten verbot, und versuchten, diese Stadt als kulturelles Phänomen ernstzunehmen.

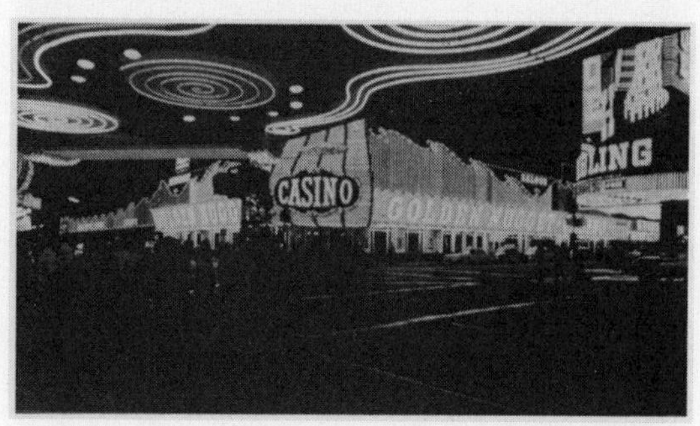

3.66 Die Gerade ist die kürzeste Verbindung zwischen zwei Punkten; der schnellste Weg, um von A nach B zu kommen. Vielleicht ist der Strip in Las Vegas deshalb eine so paradoxe städtebauliche Figur, eine Gerade, die gleichzeitig ein Mäander ist.

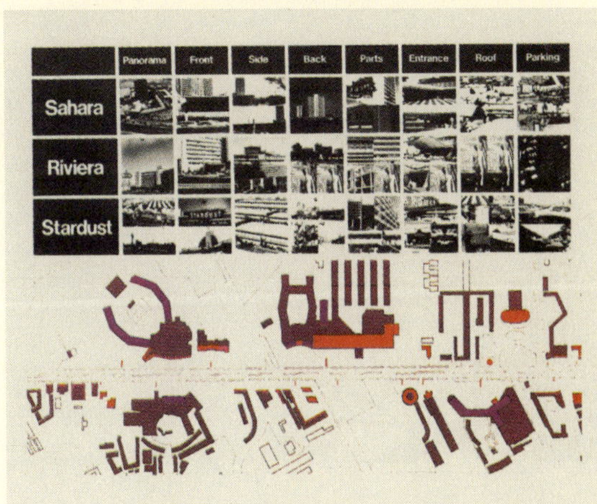

3.67 Venturi und Scott Brown verhielten sich wie Archäologen: Sie machten eine minutiöse Bestandsaufnahme des Ist-Zustands dieser Stadt. Bei vielen anderen urbanistischen Theorien jener Zeit steht die Therapierung der Übel des modernen Städtebaus im Vordergrund. Es ist der Blick des Arztes, der immer auch ein Blick von oben ist. Venturi und Scott Brown aber ging es weniger um eine Diagnose. Sie wollten vor allem beschreiben, was sie vorfanden. In der englischen Architektur der 1950er Jahre gab es die Maxime des „As found". Man wollte mit Materialien, Formen, Produkten, „so, wie man sie vorfand", arbeiten – das hat ihr Vorgehen sicherlich beeinflusst.

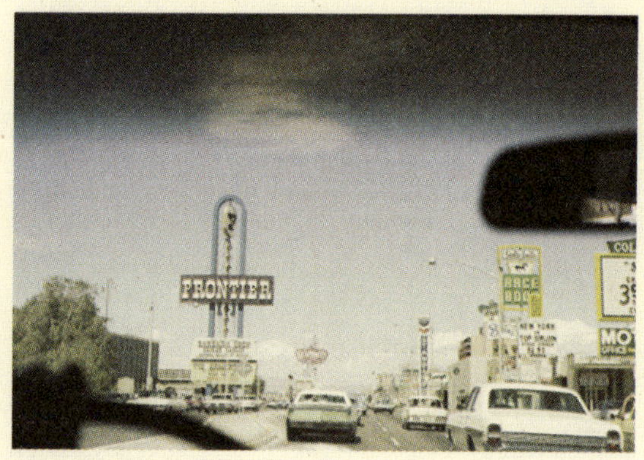

3.68 In „Learning from Las Vegas“ wird die Faszination für das Vorgefundene direkt zum Architekturthema. Venturi und Scott Brown unterstrichen, dass es da draußen eine kommerzielle Schmuddelästhetik gäbe, die sie als Architekten und Planer nicht ignorieren können, sondern dass sie lernen müssen, damit produktiv umzugehen. Tatsächlich unternahmen sie nichts anderes als einen ausgedehnten Dérive, über den sie zu neuen städtebaulichen Normen gelangen wollten.

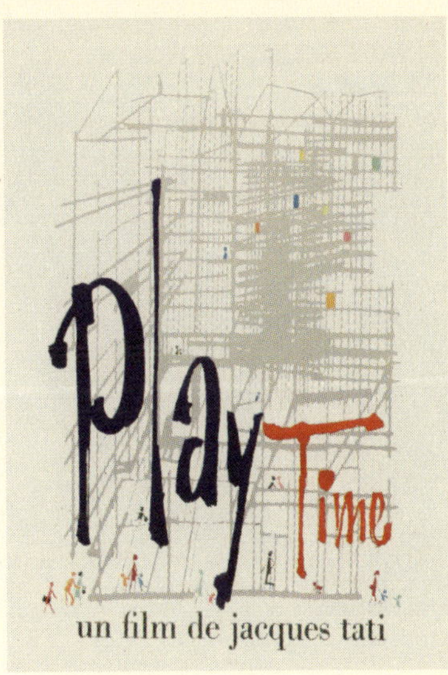

3.69 So wie die Situationisten planten, dass die Besucher des Stedelijk-Museum am Ende ohne Übergang aus dem Labyrinth der Ausstellung ins Labyrinth der Gassen und Grachten treten sollten, will ich Sie jetzt ganz ohne Übergang von meinem Vortrag in Tatis Film „Play Time" leiten: einen Film, der nichts anderes zeigt, als ein zielloses Umherschweifen durch die Stadt der Moderne. Es gibt wohl keinen anderen Film, der das Herumirren so zu seinem Thema gemacht hat. Der Film ist auf Breitwand-Format gedreht.

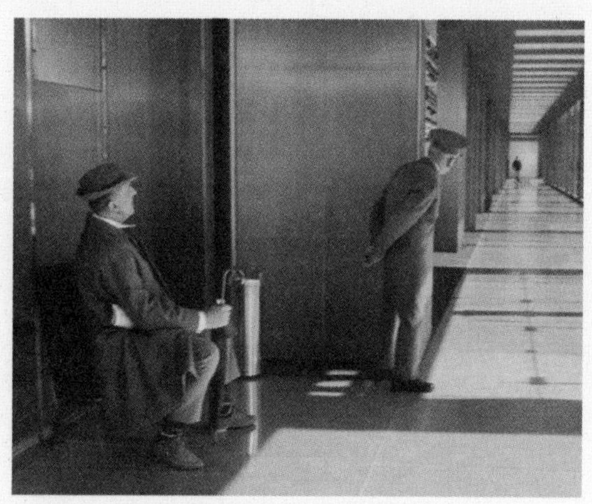

3.70 Die Filmbilder sind oft zu groß und reichhaltig, um als Ganzes überhaupt erfasst werden zu können, so dass man als Betrachter die Aufmerksamkeit immer nur auf einen Teil des Bildes lenken kann, zwischen Bildbereichen wechselt und dabei jeweils die anderen parallel stattfindenden Ereignisse verpasst. Tati, den dieser Film finanziell ruiniert hat, ist hier ein Meisterwerk gelungen. Ein Film, so offen und ohne jegliches Zentrum, dass der Zuschauer gefordert ist, sich in jedem Moment neu zu orientieren, ein Film, der keiner Geschichte bedarf, weil er ganz von der Bewegung lebt.

[Es folgt die Vorführung des Films.]

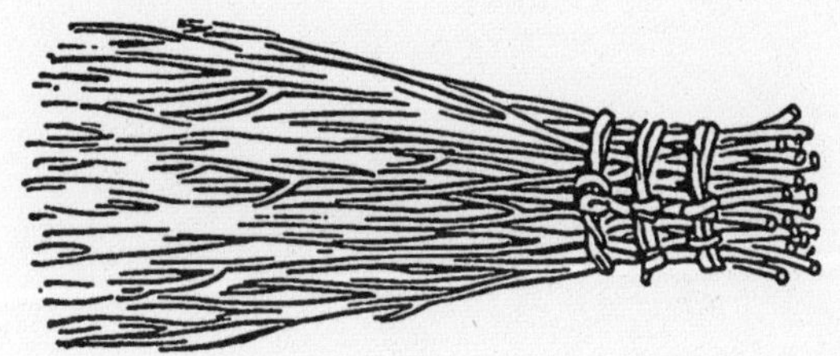

GARTEN/CAMP

(4)

Von Minotaurus zu HAL
von Kevin Kelly zu Giorgio Agamben

von der Natur
zu etwas Neuem Out of Control

nachts, allein auf einer Straße
in Bagdad.

Vortrag: Francis Hunger
Galerie für Zeitgenössische Kunst Leipzig
1. Dezember 2010, 19 Uhr

[Licht aus.]

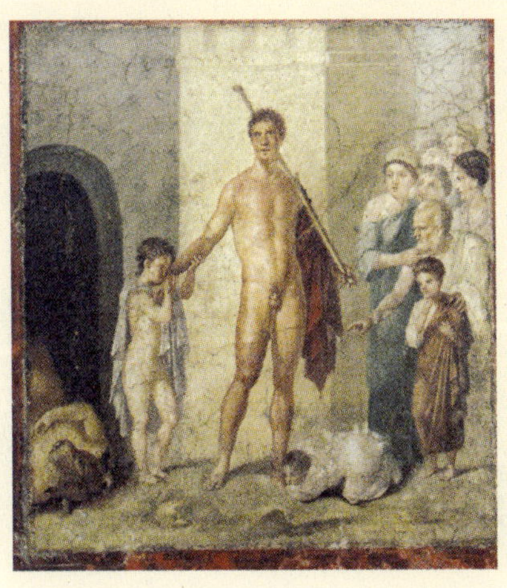

4.01 Wer von Theseus spricht, kann von Minotaurus nicht schweigen, denn ohne den Minotaurus hätte es das Labyrinth gar nicht gegeben.

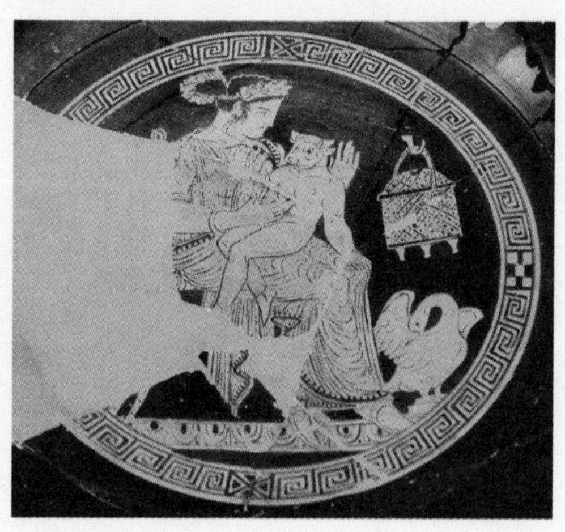

4.02 Im achten Buch der „Metamorphosen" des römischen Dichters Ovid heißt es:

„Groß war geworden indes die Schmach
des Geschlechts, und der Mutter
schändliche Lust ward kund
in dem doppelgestaltigen Untier.
Minos beschloß, zu entfernen
den Schimpf des gemeinsamen Lagers
und in verschlungenem Bau
und dunklem Versteck zu verbergen."

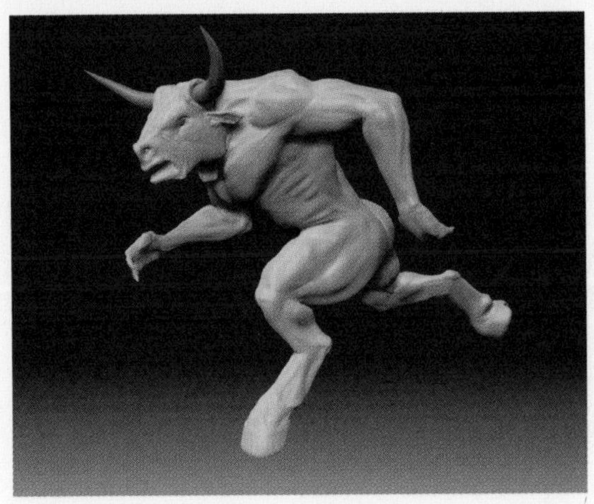

4.03 Das doppelgestaltige Untier – halb Mensch, halb Stier – ist der Minotaurus. Der Ort, an dem das Monster vor der Welt verborgen wird, ist ein Labyrinth: ein Versteck und gleichzeitig ein Gefängnis. Der Minotaurus ist am Leben und doch ausgeschlossen aus dieser Welt. Diesen Kompromiss hatte Ariadne, die Tochter des König Minos, gegen dessen Absicht, den Minotaurus zu töten, für ihren Halb-Bruder erwirkt.

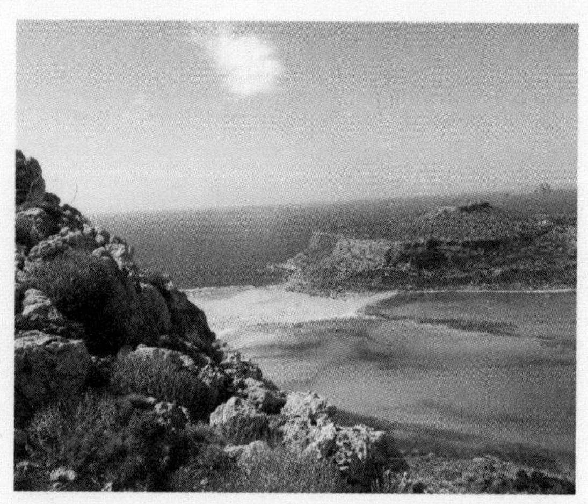

4.04 Da vielleicht nicht jeder den Labyrinthmythos in all seinen Einzelheiten kennt, ein paar Worte zu seiner Herkunft. Am Anfang dieser Geschichte steht Minos, der König von Kreta, der auf einer Insel wohnt und seinen Onkel, den Meeresgott Poseidon, bittet, ihm zur Festigung seiner Königswürde und zur Abschreckung eventueller Thronanwärter ein Wunder zu gewähren. Minos fordert von Poseidon, er solle ihm einen weißen Stier aus dem Meer emporsteigen lassen, den er ihm später opfern wolle.

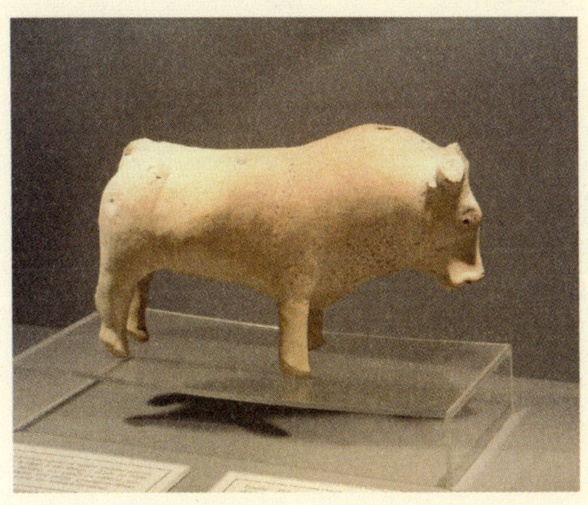

4.05 Poseidon erfüllt ihm den Wunsch und lässt tatsächlich einen Stier aus dem Wasser steigen. König Minos ist vom Anblick dieses Stiers so überwältigt, dass er ihn nicht mehr hergeben möchte. Er opfert Poseidon stattdessen einen ganz gewöhnlichen Stier aus seiner Herde.

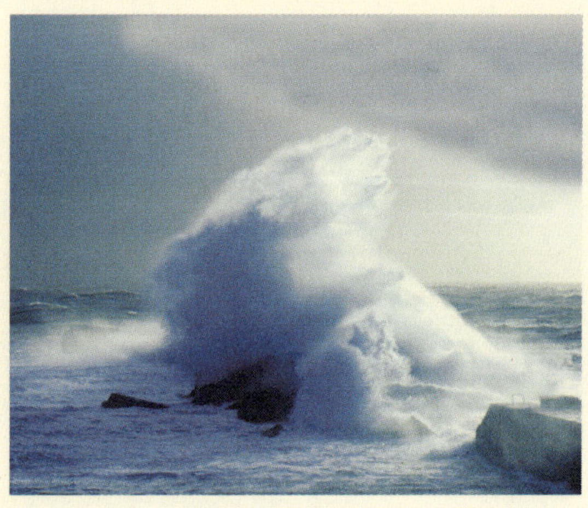

4.06 Poseidon ist darüber erzürnt und will König Minos strafen. Er verflucht Minos' Frau Pasiphae, die sich daraufhin in den weißen Stier verliebt. Pasiphae bittet Daedalus, eine bewegliche hölzerne Kuh-Attrappe zu bauen, in die sie hineinschlüpfen kann, um sich mit dem weißen Stier vereinigen zu können. Daedalus überspannt einen Holzrahmen mit schneeweißem Fell, formt einen beweglichen Kopf mit rollenden Augen, wie Pasiphae es sich wünscht. Aus der Vereinigung mit dem Stier geht schließlich der Minotaurus hervor, eine Gestalt mit menschlichem Körper und dem Kopf eines Stiers.

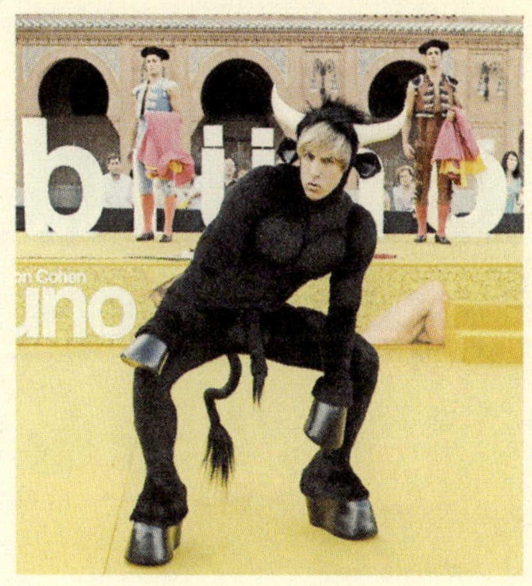

4.07 Minos will den Minotaurus töten, aber er scheut sich auch, da er sieht, dass dieses Misswesen die Strafe Poseidons für seinen Betrug ist. Da Ariadne sich für ihren Halb-Bruder einsetzt, beauftragt Minos Daedalus, für den Minotaurus ein Labyrinth zu erbauen, einen Ort, offen und unentrinnbar zugleich, an dem der Minotaurus lebendig begraben ist.

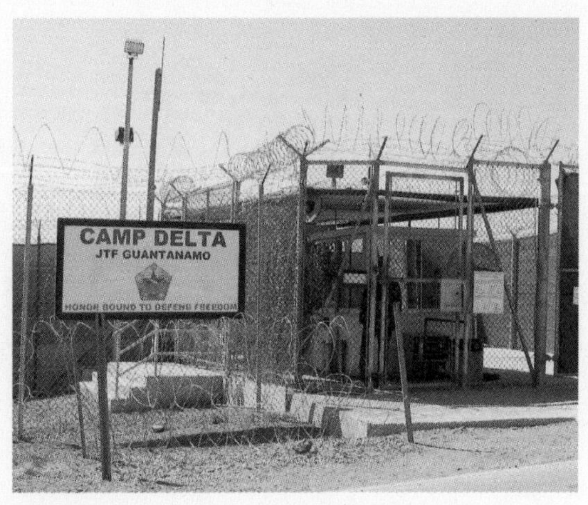

4.08 So jedenfalls beschreibt der antike Dichter Ovid das Labyrinth in „Metamorphosen“:

„Daedalus, rühmlich bekannt durch Geschick in
den bildenden Künsten,
schaffet das Werk. Merkmale verwirrte er und führt
in die Irre
täuschend den Blick durch die Zahl vielfältig
gewundener Wege.“

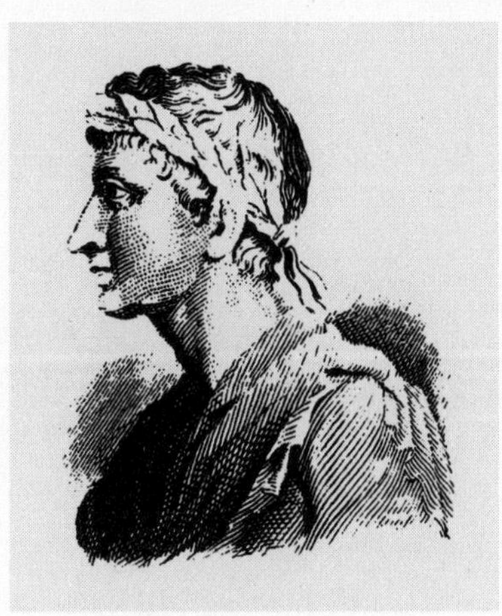

4.09 „So wie der lautere Strom des Maeandros in phrygischen Auen
treibt sein Spiel und gewundenen Laufs hinfließt und zurückfließt,
wie er begegnet sich selbst und schaut auf die kommenden Wellen
und zu der Quelle sich bald, bald wendend zum offenen Meere
ziellos irrende Flut abmüht; so machte der Gänge
Wirrwarr Daedalus auch voll Trug, und er fand zu der Schwelle
selbst kaum wieder den Weg: So ist das Gebäude verfänglich."

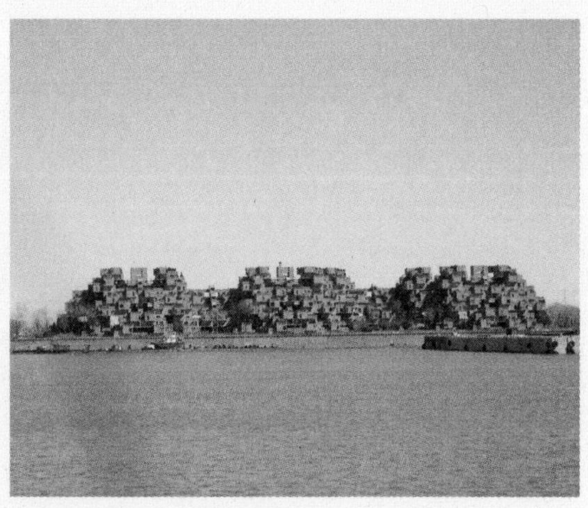

4.10 In der Literatur gibt es keine zweite Beschreibung des Labyrinths von einer solchen sprachlichen Dichte und Schönheit. Die „Verwirrung der Merkmale", von der Ovid im Zusammenhang mit dem Labyrinth spricht, wird mich im Folgenden wie ein Ariadnefaden leiten.

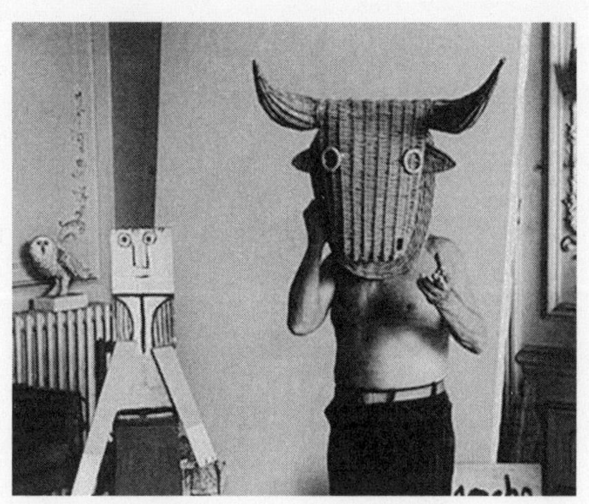

4.11 Zwei Motive in der Geschichte des Minotaurus interessieren mich besonders. Das erste ist der hybride Charakter dieses Wesens: Der Minotaurus ist halb Mensch, halb Tier. Ein Hybrid aus Biologie und technischer Prothese.

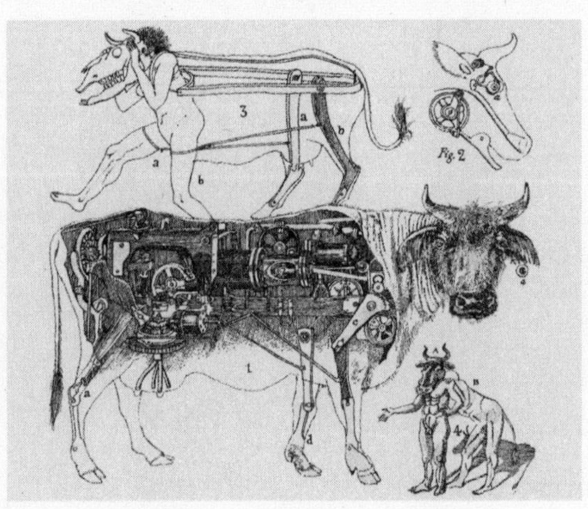

4.12 Dazu die wunderbare Illustration von Klaus Ensikat. „The realm of the born – all that is nature – and the realm of the made – all that is humanly constructed – are becoming one. Machines are becoming biological and the biological is becoming engineered.“ So formulierte es 1995 der Autor Kevin Kelly in seinem Cybermanifest „Out of Control“. Das Resultat könnte auch ein Minotaurus sein.

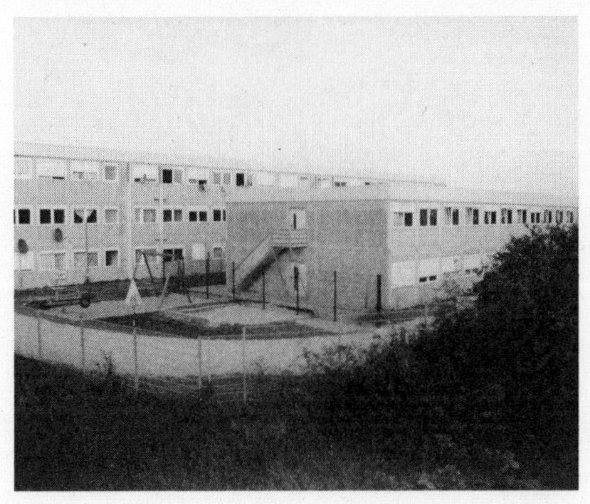

4.13 Ein zweites Motiv, das mit der Geschichte des Minotaurus verbunden ist, ist die Raumstrategie der Exklusion. Minotaurus wird nicht erzogen, aber auch nicht zum Kampf herausgefordert und getötet, zumindest nicht, bis Theseus kommt. Er wird von König Minos räumlich separiert, „ausgelagert“, weil von ihm, so heißt es, Gefahr ausgeht. Das Labyrinth wird zum Ort des Bösen, zu einer Möglichkeit seiner Verortung. Das Labyrinth ist, mit Michel Foucault gesprochen, eine Heterotopie: ein Ort, jenseits aller anderen Orte, oder genauer: ein Ort, jenseits der Gesellschaft. Der Testfall dafür, wie man jemanden verschwinden lässt, ohne ihn zu töten. „Everything that happened, happened here first, in rehearsal“, könnte als Motto über dem Eingang des Labyrinths stehen.

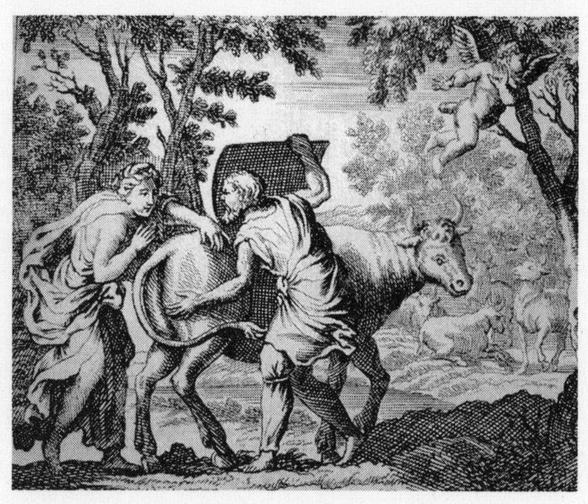

4.14 Bei beiden Motiven, die uns im Folgenden weiter beschäftigen werden, haben wir es mit jener „Verwirrung der Merkmale“ zu tun, von der Ovid spricht.

Hier ein lebendiger Körper, in dem sich Natur und Technologie vereinen. Dort ein Raum des Ausschlusses, ein Gefängnis, das den Minotaurus aber auch schützt.

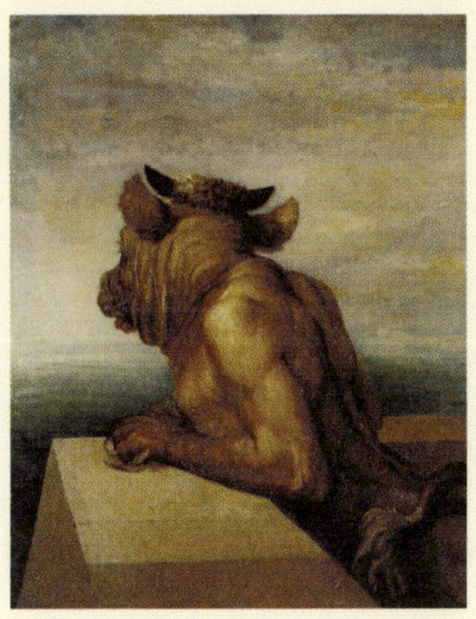

4.15 Doch kommen wir noch einmal auf Kevin Kelly zurück und betrachten den Minotaurus einen Moment lang nicht als eine Strafe Poseidons, sondern als völlig neuartige Kombination von Leben und Technologie. Könnte der Minotaurus nicht so gesehen auch als Option verstanden werden, als eine Möglichkeit zu etwas Neuem, Unbekannten?

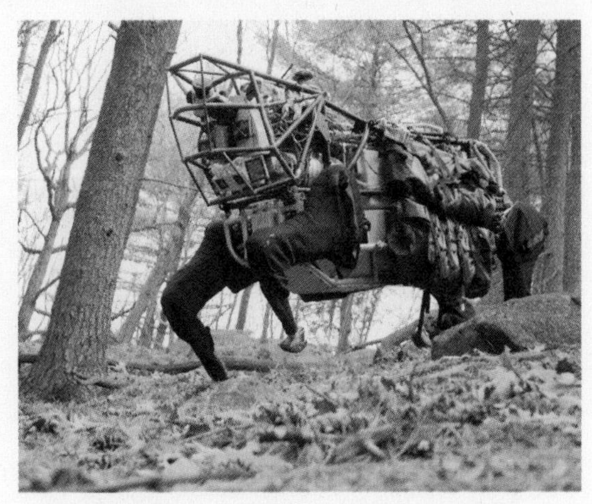

4.16 „Der Schrecken die erste Erscheinung des Neuen", heißt es bei Heiner Müller. Und vielleicht ist der Schrecken, der sich im Labyrinthmythos artikuliert, nur die Angst vor diesem Neuen, Unbekannten?

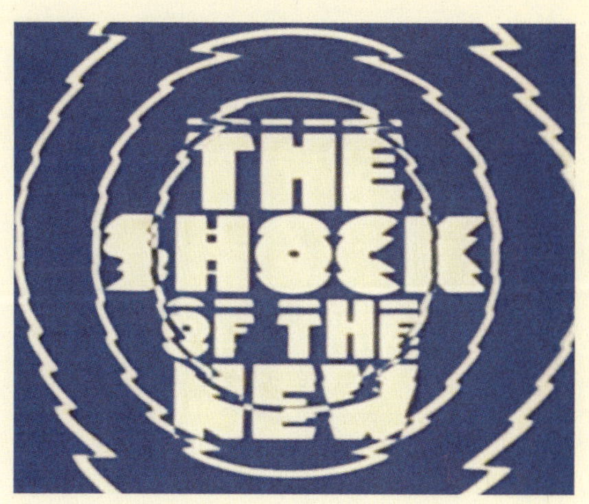

4.17 „Indem Techniker die logischen Prinzipien der Lebewesen und Maschinen herausfinden und beide bei der Aufgabe einsetzten, hochkomplexe Systeme aufzubauen, beschwören sie Apparate herauf, die beides zugleich sind: hergestellt und lebendig“, schreibt Kevin Kelly und erklärt:

„Diese Vermählung des Lebens mit der Maschinenwelt ist eine Vernunftehe, da sie teilweise durch unsere gegenwärtigen technischen Grenzen erzwungen wurde. Denn die Welt, die wir selbst hergestellt haben, ist so kompliziert geworden, daß wir uns der Welt des Geborenen zuwenden müssen, um ihre Steuerung zu verstehen.“

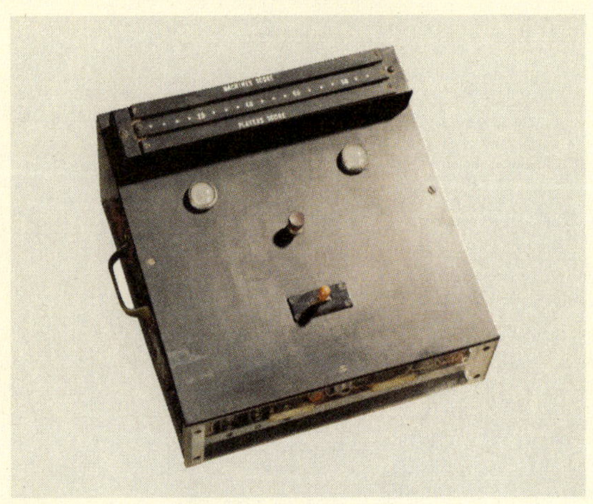

4.18 „Das heißt: Je mechanischer wir unsere gefertigte Umwelt gestalten, desto biologischer wird sie schließlich sein müssen, wenn sie überhaupt funktionieren soll. Unsere Zukunft ist technologisch; aber sie wird keine Welt aus Stahl bescheren. Vielmehr bewegt sich unsere technologische Zukunft auf eine neobiologische Zivilisation hin."

Das Bild, das Sie hier sehen, zeigt Claude Shannons Mind-Reading-Maschine von 1953: der erste portable Spielcomputer. Sein Interface ist einem menschlichen Gesicht nachempfunden.

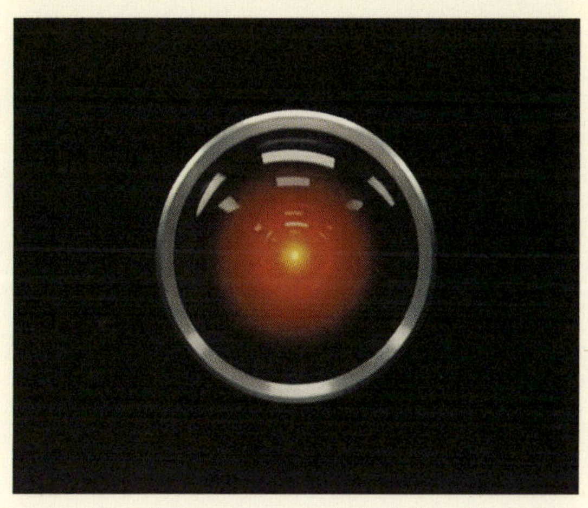

4.19 Und das ist HAL 9000, der fiktive Computer, der in Stanley Kubricks Film „2001 – A Space Odyssey“ auf der Reise zum Jupiter mehr und mehr eine Art neurotischen Verhaltens zeigt und deshalb am Ende von einem der Astronauten manuell deaktiviert wird, was HAL 9000 mit dem ängstlichen Singen eines Kinderlieds begleitet.

Aber zurück zu Kevin Kelly. Er schreibt: „Es ist unheimlich, wie viel sich aus dem Leben übertragen läßt. Bereits jetzt sind einige Merkmale des Lebens erfolgreich auf mechanische Systeme übernommen worden: Selbstreproduktion, Selbststeuerung, begrenzte Eigenreparatur, in geringem Umfang Evolution und teilweise Lernfähigkeit. Wir haben allen Grund zu glauben, daß noch mehr synthetisiert und in etwas Neues verwandelt werden kann.“

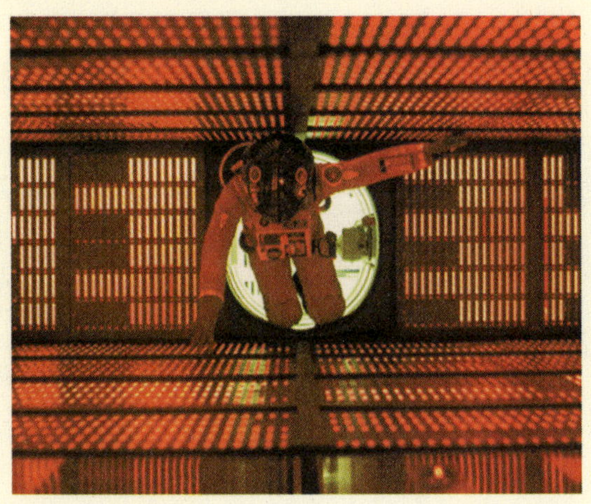

4.20 „Doch indem wir die lebendigen Kräfte in die von uns geschaffenen Maschinen entlassen, verlieren wir die Kontrolle über sie. Sie werden wild und halten Überraschungen bereit, wie sie das Wilde mit sich bringt. Das ist dann das Dilemma, mit dem alle Götter leben müssen: daß sie die längste Zeit vollkommen souverän über ihr höchstes Schöpfungswerk geherrscht haben.

Die Welt des Gemachten wird bald wie die Welt des Geborenen sein: autonom, anpassungsfähig und kreativ, aber konsequenterweise auch außerhalb unserer Kontrolle."

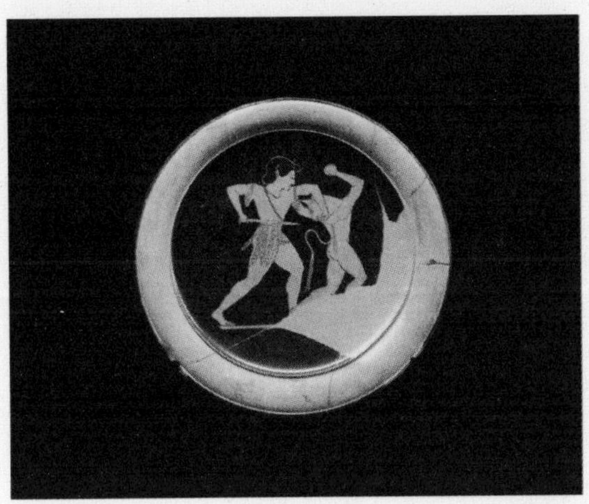

4.21 Der Mythos um den Minotaurus zeigt: Nur durch einen Gewaltakt lässt sich die verloren gegangene Kontrolle zurückgewinnen. Der Mythos feiert Theseus als Befreier; ein brutaler Mord wird so glorifiziert.

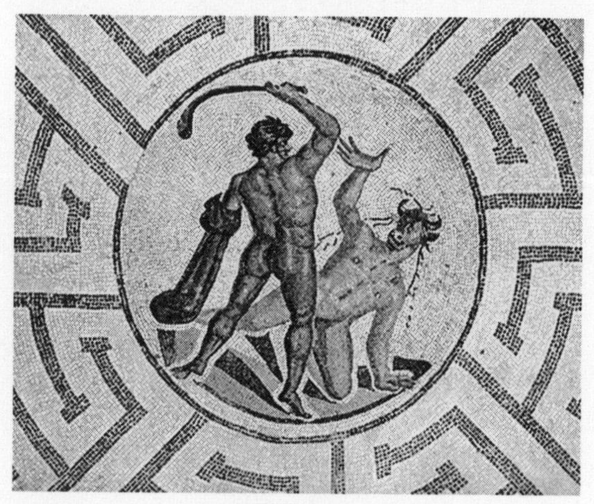

4.22 Für den Minotaurus, der im Labyrinth gefangen lebt, ist Theseus jedenfalls kein Befreier.

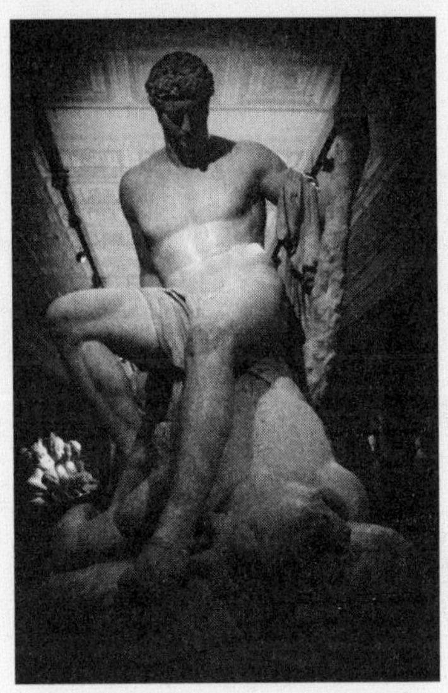

4.23 Das Labyrinth, so verworren seine Gänge auch sind, kann Minotaurus nicht vor Theseus, dem Mörder, schützen.

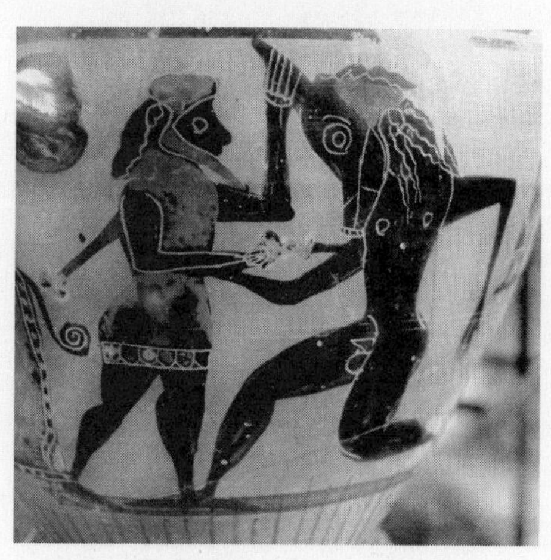

4.24 Ein traumatischer Moment: die Furcht vor dem Neuen.

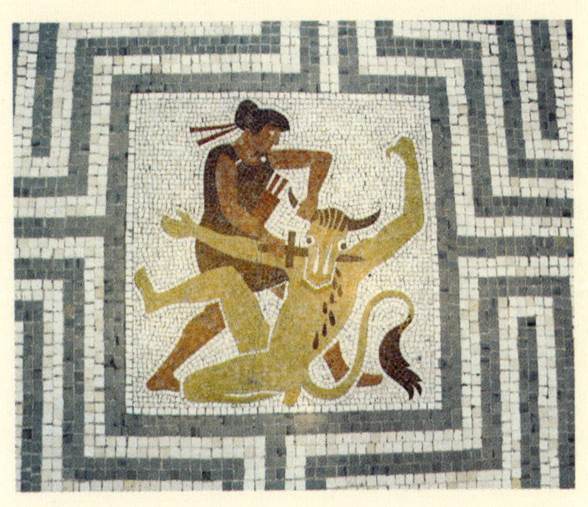

4.25 Immer wieder ist dieser Mord auf antiken Gefäßen ins Bild gesetzt worden.

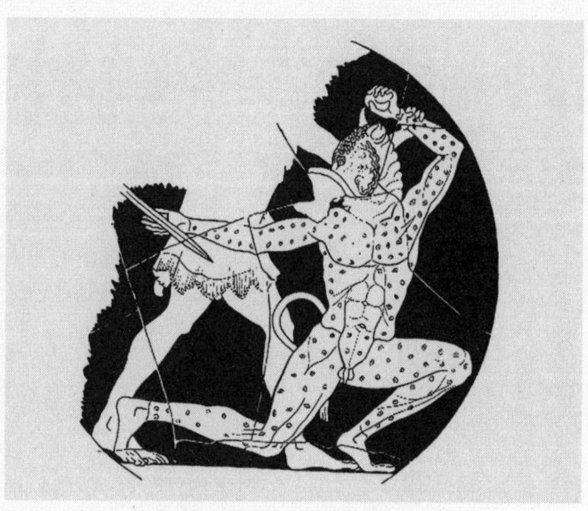

4.26 So als könnte erst die Wiederholung im Bild eine Legitimation geben für Theseus' Tat.

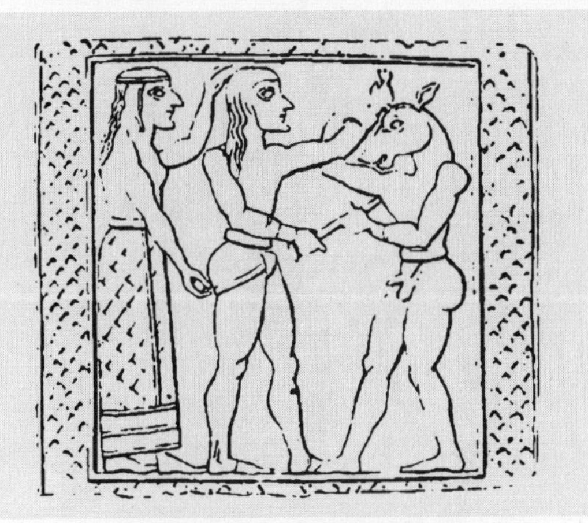

4.27 Die Angst vor der Vermählung von Natur und Maschine ist 3.000 Jahre alt. Das Labyrinth ist eine Bühne für diesen Konflikt; der Ort, wo er sich abbilden lässt, wo er durchgespielt werden kann.

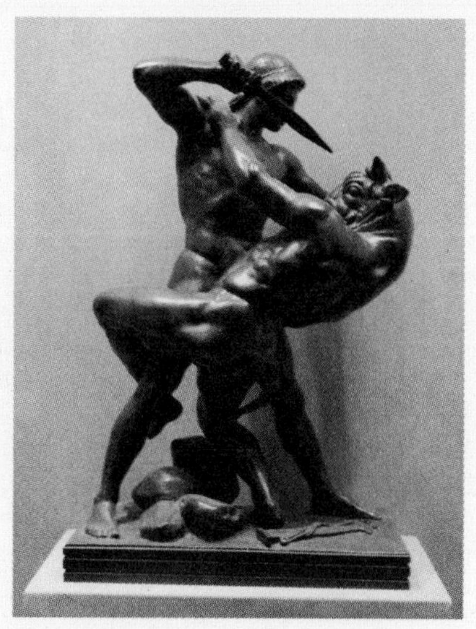

4.28 Lässt sich eine so tief sitzende Angst überwinden?

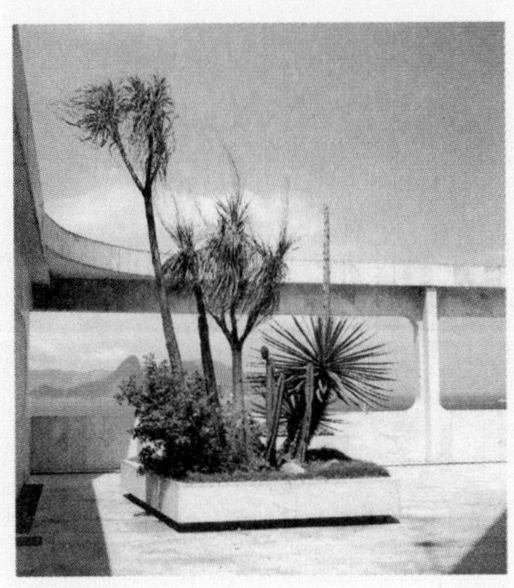

4.29 Darin ist das Labyrinth dem Garten vergleichbar, jenem anderen Ort, an dem das Verhältnis zwischen allem, was Natur ist und allem, was vom Menschen gemacht ist, seit Jahrtausenden immer wieder aufs Neue erprobt wird.

Ein Garten lässt sich nicht allein auf einen Zweck zurückführen, er dient nicht nur der Nahrungsgewinnung wie der Acker, ist aber auch nicht wild gewachsene Landschaft. Der Garten muss so angelegt sein, dass sich die Natur in ihm entfalten kann, aber auch so, dass die gestaltende Hand des Menschen erkennbar ist.

Wie aber kommt beides – das Gewachsene und Gemachte – zusammen? Dieser komplexen Frage wird immer wieder auf neue Weise nachgegangen, indem man Gärten plant und anlegt.

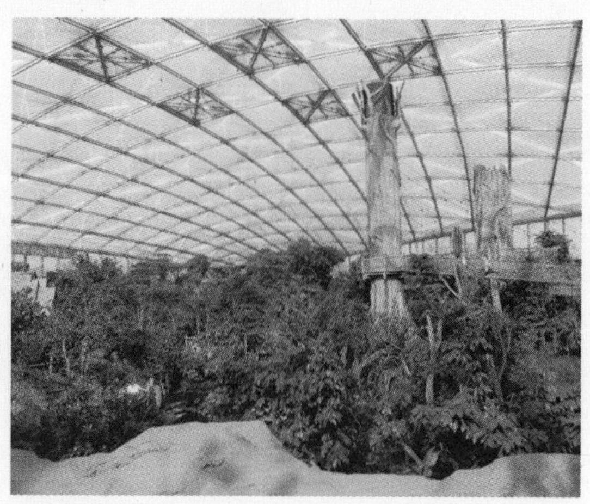

4.30 Dass man Garten und Labyrinth dabei immer wieder kombiniert hat, ist sehr leicht nachvollziehbar, denn die Schnittmenge zwischen beiden ist äußerst groß.

Eines der neuesten Beispiele für eine solche Kombination von Garten und Labyrinth ist „Gondwanaland" – die Riesentropenhalle des Leipziger Zoos, die dem Urkontinent nachempfunden ist. In ihr leben 300 tropische Tiere und 17.000 Pflanzen. Die imposante Halle – 35 Meter hoch mit einer Spannweite von 160 Metern – wird von einem dreieckigen Stahlkörper getragen. Die Dachhaut aus pneumatischen Folienkissen ist Klimatechnik auf allerneuestem Stand.

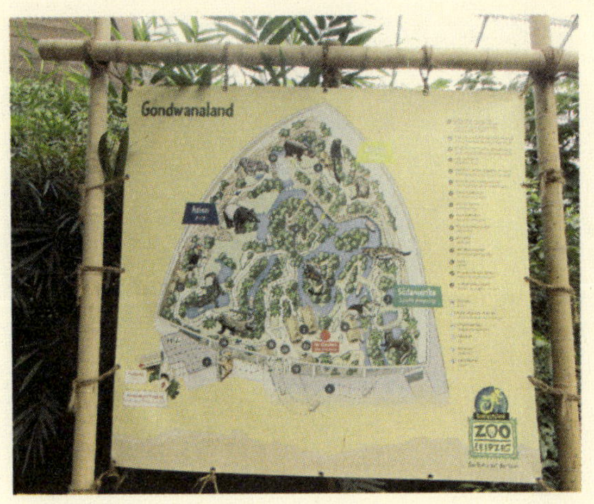

4.31 Als Besucher bewegt man sich durch Gondwanaland wie durch ein „Einweglabyrinth“. Denn es gibt nur einen einzigen, vielfach verschlungenen Weg durch die künstliche Landschaft. Ich war mit meinen Kindern mehr als eine Stunde unterwegs, um die Halle, die nur 150 Meter breit und lang ist, einmal zu durchwandern.

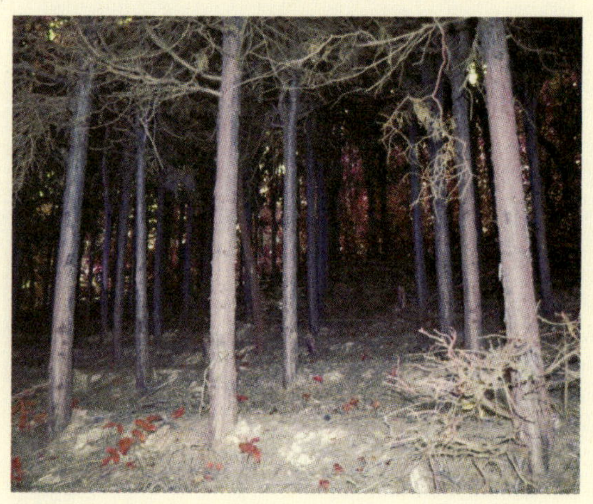

4.32 Die Kombination mit dem Garten hat das Labyrinth verändert: Bis dahin waren Labyrinthe zweidimensional, sie wurden gezeichnet oder als Bodenarbeit ausgeführt; erst in den Gärten bekommt das Labyrinth eine dritte Dimension mithilfe von Mauern, die wachsen. Pflanzen wurden hier zu einem Element der Architektur. Eine Verwirrung der Merkmale – oder?

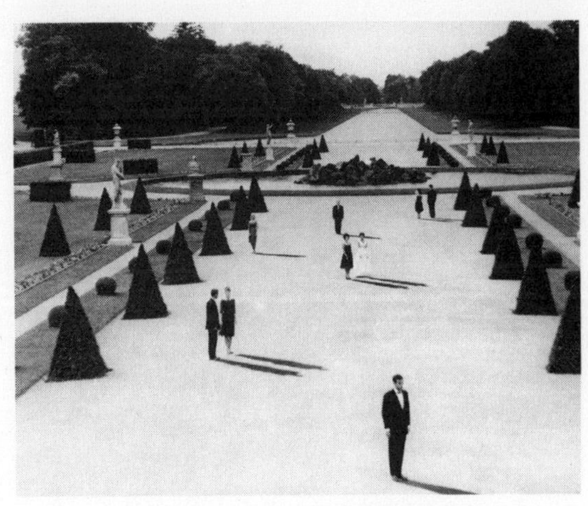

4.33 In dieser Relation spiegelt sich eine Welt der Rationalität, eine Welt, in der der Mensch die Natur unter seine Kontrolle zu bekommen hofft und die Natur diszipliniert.

Der Wald, der in der Fantasie der Menschen bis dahin als unheimlicher, feindlicher Ort galt, wurde in den barocken Gartenanlagen domestiziert, seine dunkle Bedrohlichkeit durch geometrische Ordnung gebannt. Die feindliche Natur wurde in ein Spiel verwandelt, das man in der Hand behielt. So ließ sich Neugier und Faszination am Unbekannten mit der Sehnsucht nach Orientierung ausbalancieren. Im Labyrinth konnte man auch mit der eigenen Natur experimentieren, und so die Wünsche und Ängste, das, was Alexander Kluge den „Eigensinn“ nennt, zähmen.

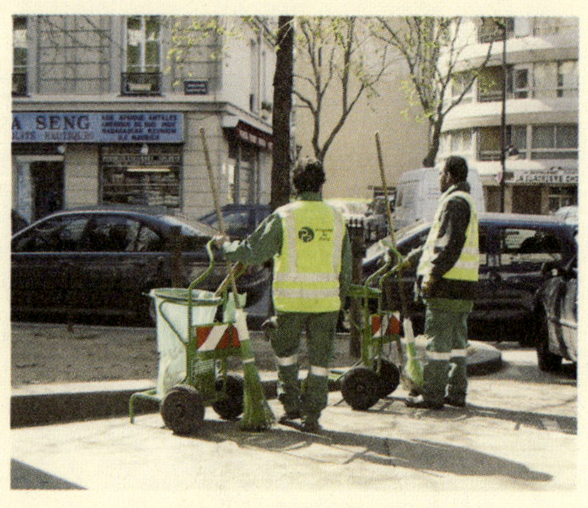

4.34 Und was sagt ein grüner Plastikbesen, wie ihn die Pariser Stadtreinigung benutzt, über das gegenwärtige Verhältnis von Gemachtem und Gewachsenem aus?

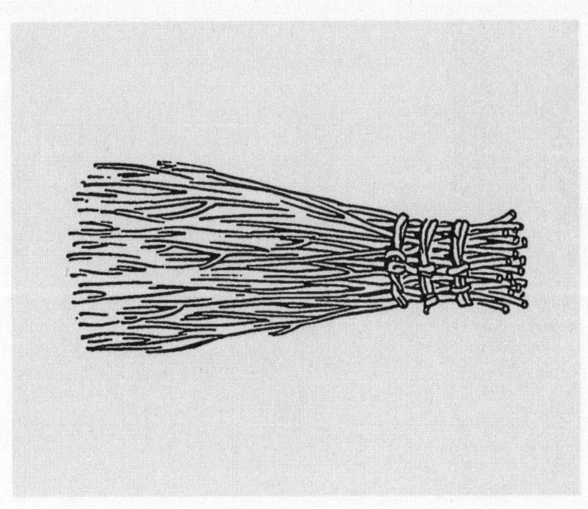

4.35 Bis 1980 verwendete die Pariser Stadtreinigung Besen aus Birkenzweigen, die die Angestellten noch selbst binden mussten. Die Plastikbesen, die seitdem in Gebrauch sind, haben den Vorteil, dass sie fertig geliefert werden.

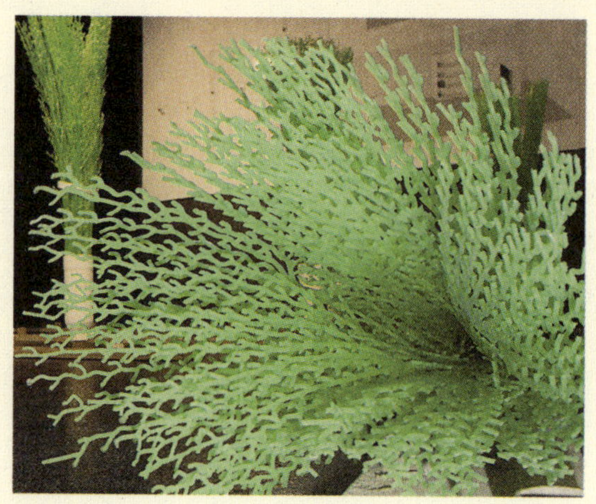

4.36 Ein solcher Plastikbesen hält, wenn man ihn täglich zum Kehren verwendet, ungefähr ein bis zwei Monate. Dass in seiner Struktur die Form von Zweigen nachgebildet wurde, ist funktional begründet: Durch die Verzweigungen erhalten die einzelnen Äste ein Höchstmaß an Stabilität, ohne dabei allzu starr zu werden. Außerdem können die Verästelungen mehr Flüssigkeit binden als glatte Borsten.

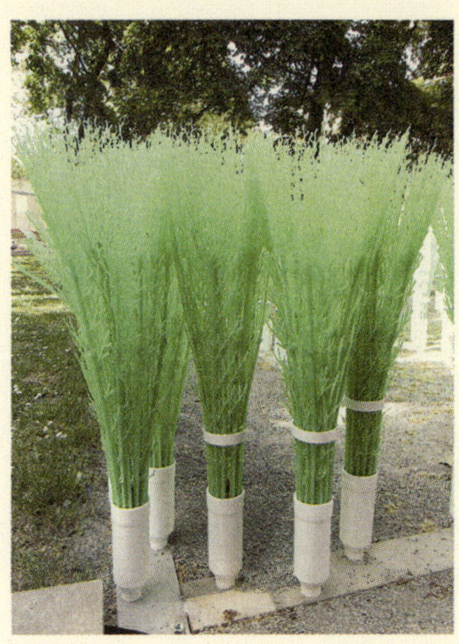

4.37 Wenn die geometrisch zurechtgeschnittenen Bäume Ausdruck einer absolutistischen Welt waren, in der der Souverän auch das Aussehen der Bäume bestimmten konnte, so sind die grünen Plastikbesen der Pariser Stadtreinigung das Produkt einer Gegenwart, in der alles Design geworden ist.

Die Natur wird heute nach Kriterien der Ökonomie und Ästhetik neu modelliert. Und selbst die Pariser Stadtreinigung hat ein Corporate Design, wie es vor wenigen Jahren nur Großunternehmen besaßen. In Paris sind die Besen grün, denn grün ist die Erkennungsfarbe der Pariser Stadtverwaltung. In anderen Städten Frankreichs haben die Besen andere Farben.

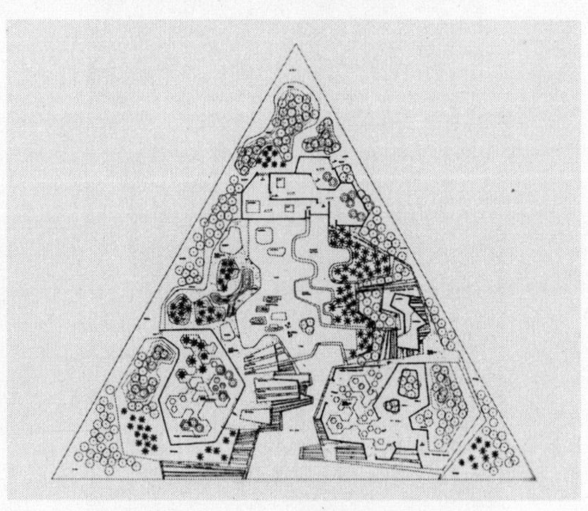

4.38 Der Garten war ein Raumparadigma, zu dem ich das Labyrinth in Beziehung setzen wollte; das Lager ist das andere.

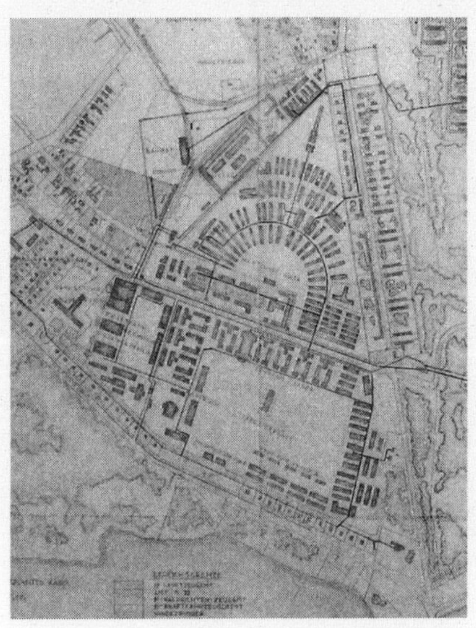

4.39 Hinter dem Kollektivsingular „Lager" verbirgt sich eine enorme Diversität: Militärausbildungslager, Kriegsgefangenenlager, Quarantänelager, Flüchtlingslager, Lazarettlager, Internierungslager, Konzentrationslager, Zwangsarbeiterlager u.a.

Anders als klassische disziplinierende Institutionen wie Schule, Gefängnis, Klinik oder Kaserne hat sich für das Lager keine verbindliche Architekturtypologie ausgebildet. Auf der Ebene des Architektonischen ist das Lager vielmehr unbestimmt.

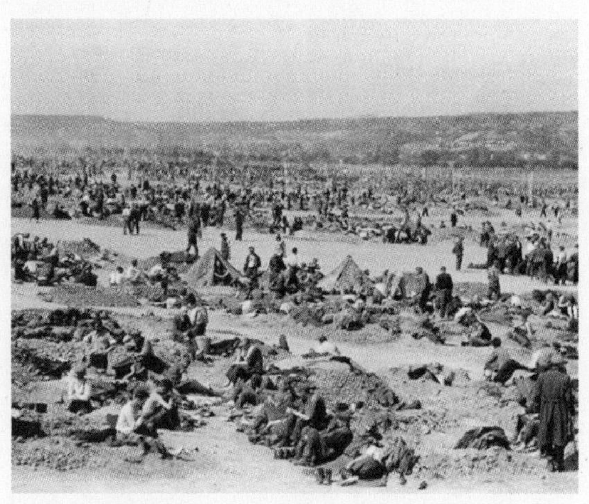

4.40 Zwar sind Lager häufig innerhalb der Mauern von Disziplinierungsinstitutionen errichtet worden: in Fabriken, Klöstern, Festungen, gelegentlich in Arbeitshäusern, Krankenhäusern, Schulen, Turnhallen oder auf Schiffen; andererseits aber auch an Orten der Freizeit und des Vergnügens wie Gaststätten, Festsälen, Parks, Sportstadien oder Pferderennbahnen. Vermutlich kann tatsächlich jeder Raum in ein Lager verwandelt werden.

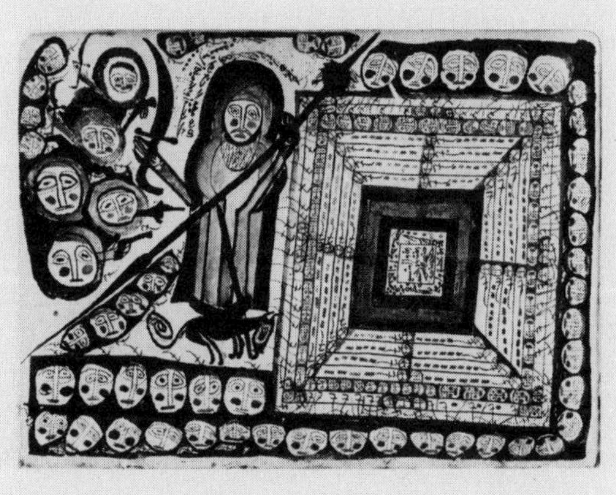

4.41 Diese relative Unbestimmtheit in der Form ist vielleicht der erste Punkt, bei dem sich ein Vergleich mit dem Labyrinth aufdrängt. Auch wenn jeder von uns eine klare visuelle Vorstellung hat, wie man ein Labyrinth darstellt, ist das Raumkonzept, welches wir mit dem Wort „Labyrinth" verbinden, weitaus vielgestaltiger als die einfache Zeichnung uns glauben lassen möchte. Denn ähnlich wie das Lager ist auch das Labyrinth vielerlei: konkreter Ort, Raumparadigma, Metapher, Urbild.

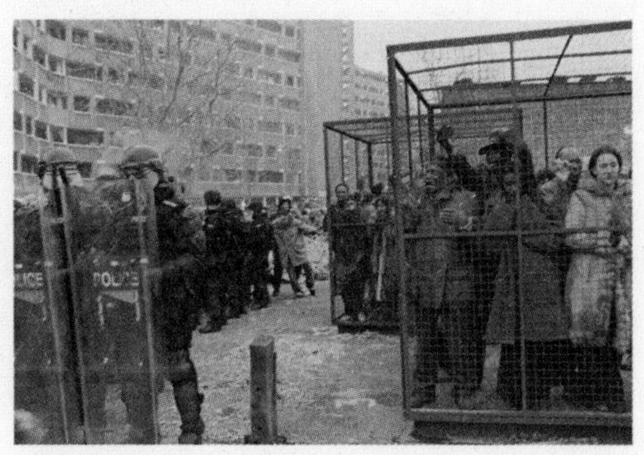

4.42 So sind es beim Lager weniger bestimmte architektonische Typologien, sondern vor allem juridische Prozeduren und politische Dispositive, die es charakterisieren und die über den „Ausnahmezustand“ im Raum des Lagers entscheiden. Giorgio Agamben hat in seinen provokativen Texten das Lager – und nicht den Staat – als den Ursprung der biopolitischen Moderne charakterisiert. Ganz gleich, ob Stadion, Hotel, oder „zone d'attente“ auf Flughäfen: Ein „scheinbar harmloser Ort“ grenzt „einen Raum ab, in dem die normale Ordnung de facto aufgehoben ist, in dem es nicht vom Recht abhängt, ob mehr oder weniger Grausamkeiten begangen werden, sondern von der Zivilität und dem ethischen Sinn der Polizei, die da vorübergehend als Souverän agiert.“

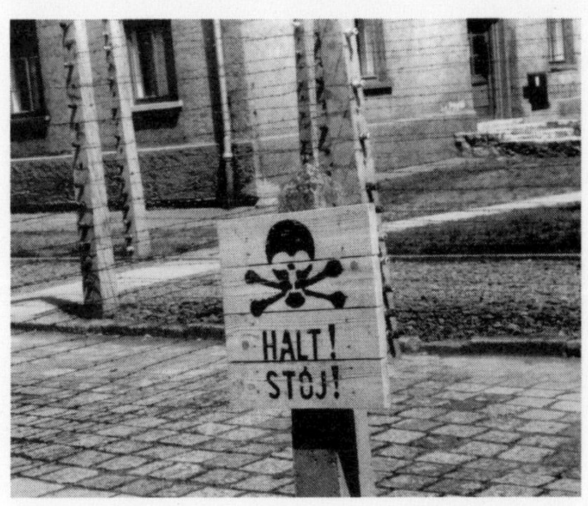

4.43 Um ein Lager zu etablieren, genügt ein kontrollierbares Gelände, dessen Abgrenzung gegenüber dem Außenraum durch Zäune oder Mauern deutlich markiert ist und bei dem sich über eine bewachte Tür oder ein Lagertor die Ein- und Ausgänge regeln und kontrollieren lassen.

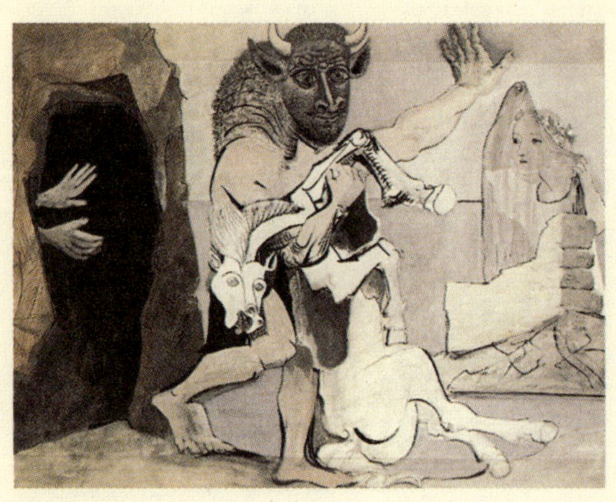

4.44 Exklusion – Ausschluss – ist das Motiv für Minos, Daedalus mit dem Bau des Labyrinths zu betrauen. Der Minotaurus wurde im Labyrinth lebendig begraben – absolut isoliert in einer Architektur, die nach außen durch Mauern deutlich abgegrenzt war. Zum Monster gemacht, ohne Rechte.

Im Kontext des Lagers stellt sich das Labyrinth weniger als ein Ort dar, in dem „das Böse“ versteckt haust. Es ist eher ein Ort der Zurichtung, der verborgenen Gewalt. Aufschlussreich sind in diesem Zusammenhang die Darstellungen, die die Abschlachtung des Minotaurus zeigen, da sie offen legen, mit welcher Brutalität Theseus den Minotaurus – das Monster, den Anormalen – vernichtet.

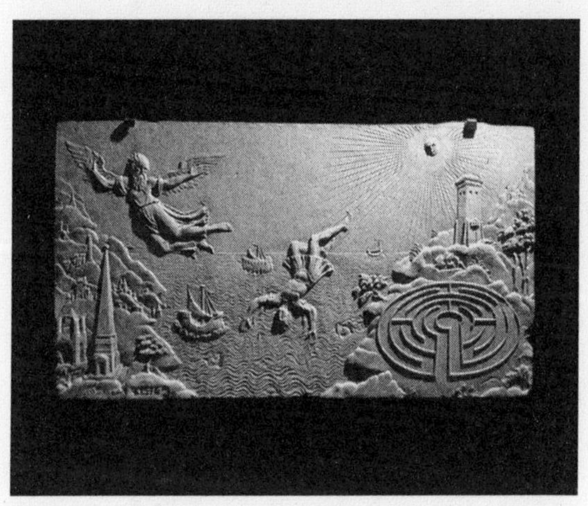

4.45 Der Raum, den Daedalus entwirft, ist ein Raum, der sich von allen anderen Räumen in Knossos unterscheidet: ein Anderswo, das er später, als Minos Daedalus selbst und dessen Sohn Ikarus ins Labyrinth verbannt, am eigenen Leib schmerzlich erfahren muss.

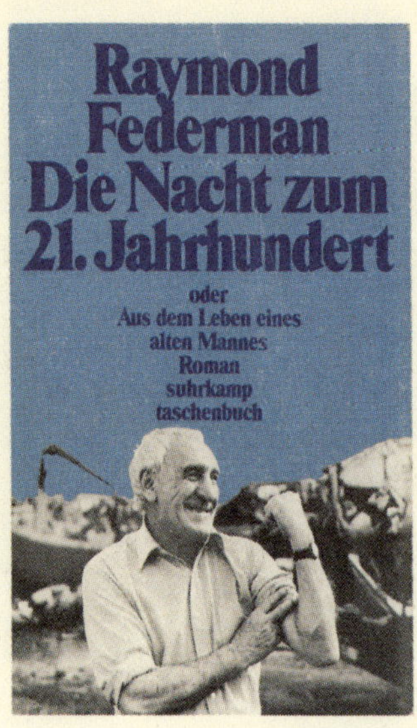

4.46 Auch Lager sollen in räumlicher Hinsicht ein Anderswo markieren oder drastischer ausgedrückt: ein „juristisches Äquivalent für den Weltraum“ sein, wie es ein Beamter der US-Administration in Bezug auf das Gefangenenlager Guantánamo formuliert hat. In jedem Fall aber ist dieser Raum nach außen hin streng abgegrenzt und bildet eine „entortende Verortung“, wie es Agamben formulierte.

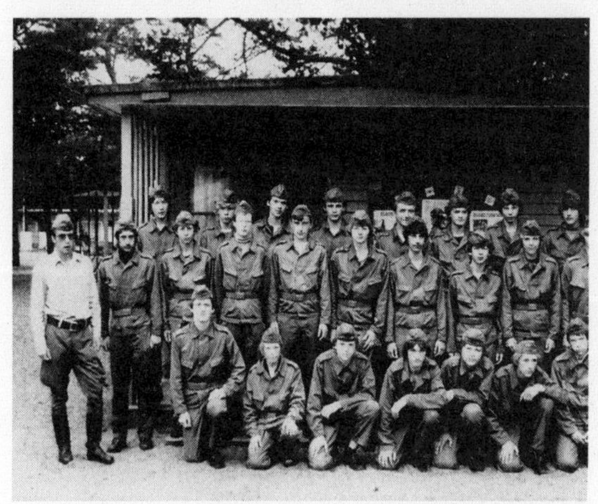

4.47 In den Militärlagern des 19. Jahrhunderts bildeten sich Grundmuster für jene architektonischen, sozialen und psychologischen Raumordnungen heraus, die im 20. Jahrhundert die beiden Pole dessen, was als Lager bezeichnet wurde, bestimmten.

Idealtypisch zugespitzt: Auf der einen Seite gibt es jene Lager, die Menschen separieren, um den Zugriff auf ihre soziale, gesundheitliche und berufliche Entwicklung für eine begrenzte Zeit zu „optimieren"; es sind Lager der Züchtung. Auf der anderen Seite werden Lager etabliert, die allein darauf abzielen, die Insassen auf Dauer aus der Gesellschaft auszuschließen, um sie politisch zu isolieren, um sie ökonomisch auszubeuten, um sie zu töten; es sind Lager der Exklusion.

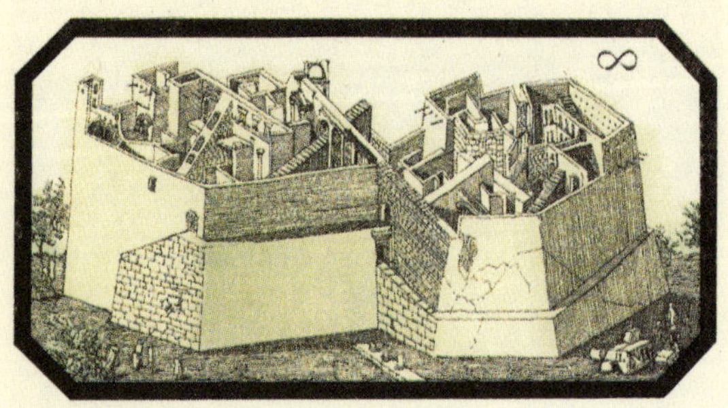

4.48 Erstaunlicherweise lässt sich auch für das Labyrinth eine solche Dualität feststellen. Es ist nicht nur der Ort des Ausschlusses, sondern immer wieder auch ein Ort der Optimierung; sei es für die Pilger, die auf den Bodenlabyrinthen in den mittelalterlichen Kathedralen knieend den Weg nach Jerusalem nachvollzogen; sei es für die barocke Hofgesellschaft, die im Gartenlabyrinth auf vergnügliche Weise mit ihren Ängsten und Lüsten spielte; seien es jene Labyrinthe, die römische Soldaten als Trainingsparcours nutzten, um die Angst vor der Orientierungslosigkeit zu überwinden.

4.49 Bei Jacques Attali kann man lesen, dass auch die Jugendlichen in Sparta, bevor sie ihre Kriegswaffen erhielten, drei Prüfungen absolvieren mussten: unversehrt im Hinterhalt lauernde Riesen bezwingen, einen aus Kreta stammenden Stier besiegen, ein Labyrinth durchqueren.

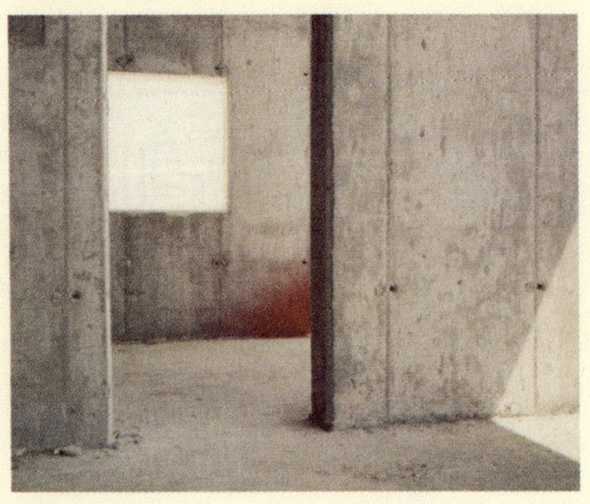

4.50 Das Leben zu optimieren oder es zu verbannen – vielleicht kann man die funktionalen Parallelen zwischen Lager und Labyrinth auf diese einfache Formel bringen. Beides – Optimierung und Ausschluss – sind Technologien zur Sicherung von Herrschaft.

Die Geschichte des 20. Jahrhunderts kennt zahllose Beispiele, bei denen Menschen in Lagern auf vergleichbare Weise festgesetzt wurden wie es König Minos mit dem Minotaurus tat. Auch Minotaurus blieb im Labyrinth nichts als das „nackte Leben".

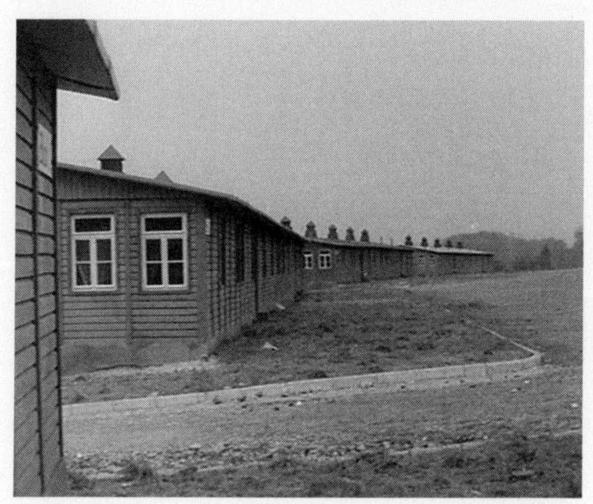

4.51 Die Frage des Lebens und der Herrschaft über das Leben spielt in unterschiedlicher Weise bei allen drei Räumen – Garten, Lager, Labyrinth – eine zentrale Rolle.

Das Gewachsene und das Gemachte: ist es im Falle des Gartens die Frage, wie die Natur in eine Ordnung gebracht werden kann, so sind es im Falle des Lagers die Subjekte, die „gemacht“ werden sollen.

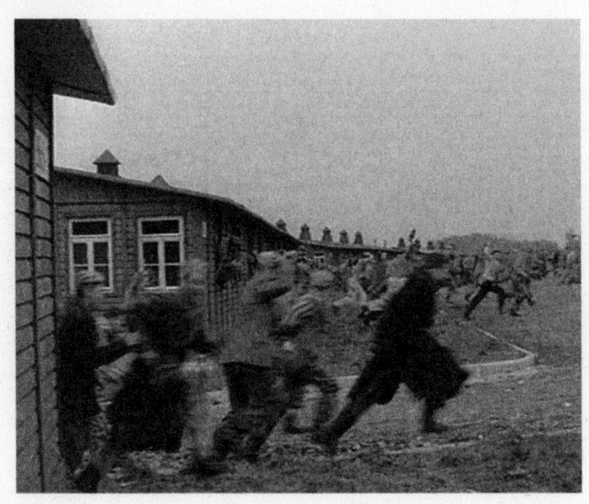

4.52 Michel Foucault, dessen gesamtes Denken sich um die Frage bewegte, wie Subjekte „gemacht“ werden, hat sich einmal, in einem Text über Raymond Roussel, ausführlich mit dem Labyrinth beschäftigt. Das rätselhafte Gängegewirr interpretierte er als jenen dunklen Bereich, der zwischen dem reinen Geboren-Sein des Menschen und seiner Subjektivierung liegt, zwischen seiner Natur und seiner Biografie, die beide zusammen erst das ergeben, was man das menschliche Leben nennt.

Foucault schreibt: „Im Zentrum des Labyrinths lagert die im Dunkel liegende Geburt, der durch das Geheimnis von sich selbst losgelöste und durch die Entdeckung zu sich selbst zurückgeführte Ursprung.“

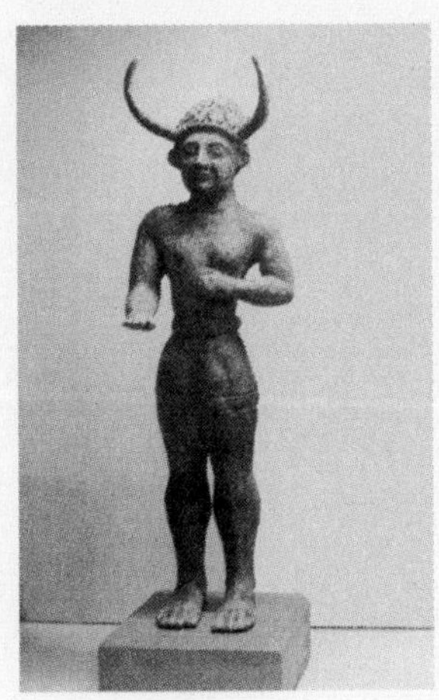

4.53 Das Leben des Minotaurus – das wäre Stoff für einen ganzen Roman.

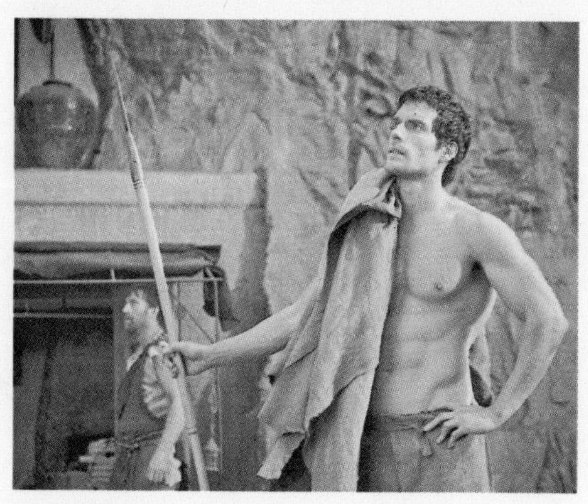

4.54 Spannender sicher als das Leben des Theseus, das schon hunderte Male erzählt wurde.

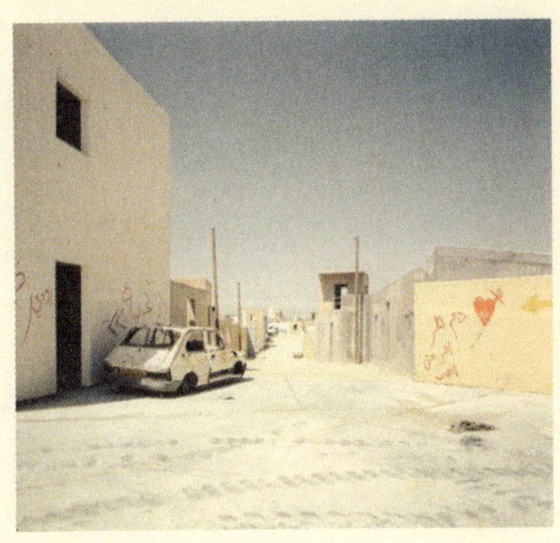

4.55 Aber kommen wir noch einmal zurück auf das Labyrinth als einen Ort der Optimierung und Zurichtung, als einen Ort, an dem für den Krieg geprobt wird, einen Ort also, an dem trainiert wird, schnell über Leben und Tod entscheiden zu können.

Der Fotograf Adam Broomberg hat 2005 ein Trainingsgelände der israelischen Armee fotografiert. Das Gelände trägt den Namen „Chicago". Es ist eine in der Negev-Wüste gelegene künstliche Stadt, die von den israelischen Verteidigungskräften zum urbanen Kampftraining errichtet wurde. Eine Schein- und Geisterstadt.

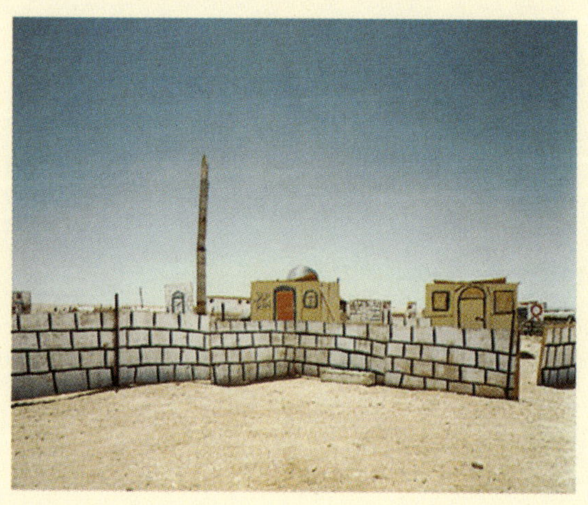

4.56 Von der Invasion Beiruts über die erste und zweite Intifada, dem Gaza-Rückzug bis zur Schlacht von Falludscha – für alle größeren militärischen Schritte wurde zuvor hier trainiert. Das Setting ist eng an palästinensische Architektur angelehnt, es ahmt Straßen und Gassen von Städten wie Ramallah und Nablus nach. Obskure arabische Graffiti zieren die Wände, ausgebrannte Autos stehen in den Straßen, es gibt Moscheen, Läden und ein Flüchtlingscamp. Ein labyrinthischer Parcours.

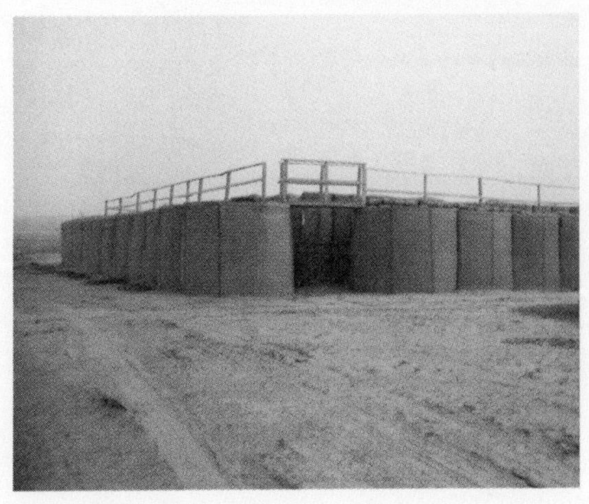

4.57 Ein ähnliches Camp der US-Armee mit dem Namen „Forward Operating Base Summerall" hat der Filmemacher und Fotograf Richard Mosse im März 2009 besucht. Olaf Arndt beschreibt den Film, den Richard Mosse dort aufgenommen hat, in seinem Essay „Labyrinth und Lager. Zur Gegenwart eines Urbilds in Zeiten der Krise" folgendermaßen: „Die erste Einstellung des knapp dreiminütigen Videos saugt den wehrlosen Betrachter in das Labyrinth. Über dem Eingang eine klapprige Holzbrücke. Sie verbindet zwei mit schneller Hand zusammengepfuschte, dickleibige Türme. Das Baumaterial: Stahlgitter, kleine Karomaschen, ausgefüllt mit beigen Fasermatten. Der spontane Eindruck: robust, aber wertlos. Schützt vor Splittern. Wirkt wenig einladend."

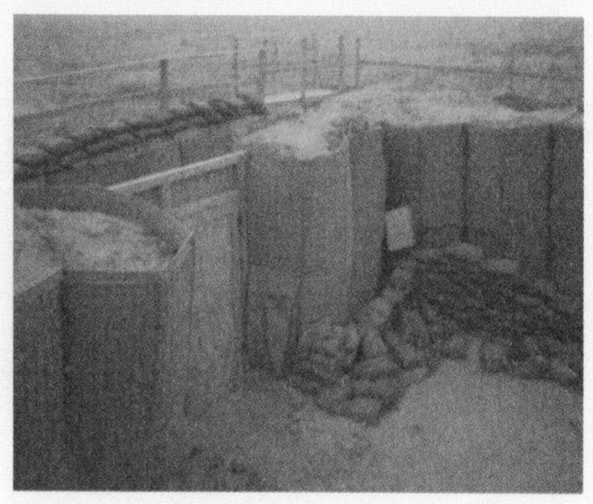

4.58 „Der Boden weicher Sand. Dahinter, direkt hinter dem ‚Tor‘, eine Wand aus dem gleichen Material. Ihr einziger Zweck: einen Gang zu bilden, genauer, eine Ecke, von der aus zwei Gänge abzweigen. Man möchte sagen: ins Nichts. Als Wand ist sie nicht brauchbar. Krumm steht sie, schlecht gefügt. Diesen Eindruck unterstreicht ein Lappen, vielleicht ist es auch eine Unterhose mit langem Bein, irgendein lumpiges Stück Wäsche, willkürlich an die Wand gehängt, eine schlappe Fahne am Scheideweg. Wegweiser in die falsche Richtung? Im Gang flattern freigelassene Plastikbänder, Fetzen eines polymeren Ariadnefadens. Auf der Brücke: niemand. Ein toter Ort. Wer wollte ihn freiwillig betreten?“

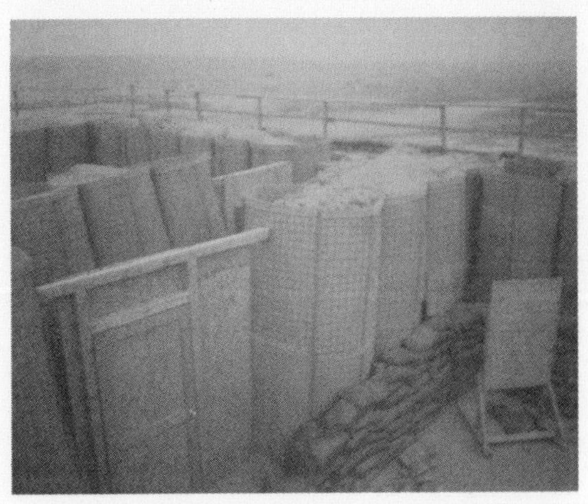

4.59 Eine „subjektive Kamera entscheidet für uns: Gehe links! Fußschritte sind der einzige Ton, knirschende Herzschläge, die das Schwanken der Kamera skandieren. Druck auf den Ohren: Die Wand absorbiert Sound. Mikrofonrauschen. Sandsäcke am Ende des Ganges kommen in Sicht. Improvisierte Verbunkerung. Ein Wehrgang läuft auf dem oberen Rand der äußeren Mattenschicht entlang, begleitet den Eintretenden wie ein Wachhund. Einer absurden Logik folgend, ertönt Gebell, offenbar vom Tonband. Oder ist es eine Halluzination? Denn immer noch ist nichts zu sehen, kein Mensch, kein Tier. Abbiegen. Das gleiche Bild. Wieder abbiegen. Schon ist die Richtung verloren. Versunken im Malstrom spiralisierender Gänge. Mit dem Rotorenwummern von Hubschraubern kehrt die Welt zurück. Scharfer Schnitt in die Realität."

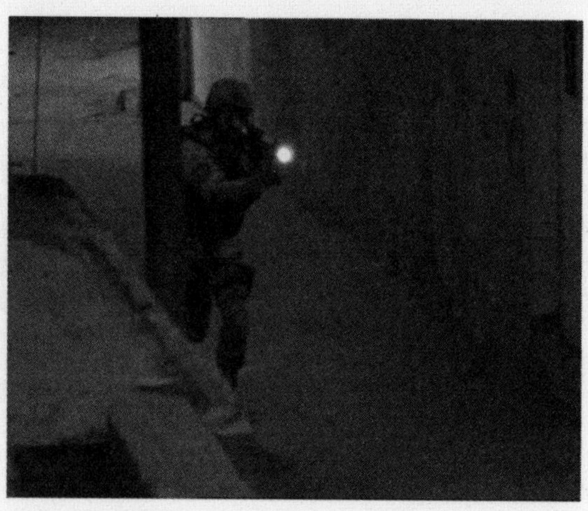

4.60 „Ist die Grundlage des antiken Labyrinthmythos eine schockhafte Erfahrung von Urbanität?“

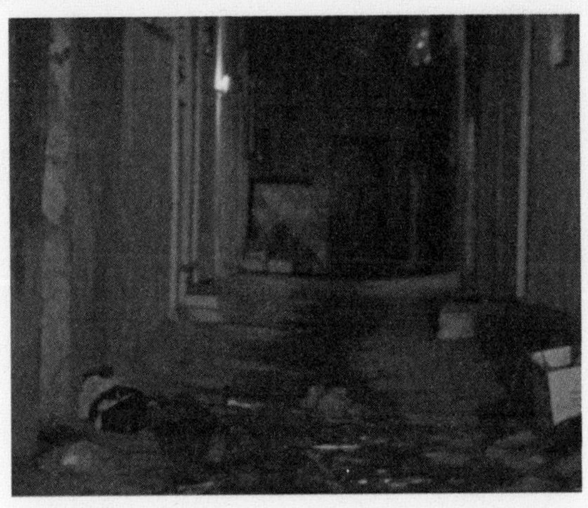

4.61 Mit dieser Frage setzte der erste Vortrag ein. Ein zickzackreicher Weg führte von der Nutzung des Labyrinths als Spielfläche und Erziehungsort über die Frage, welche Raumstrategien und -konzepte sich mit dem Labyrinth verbinden bis zu jenem Labyrinth, das US-Soldaten darauf vorbereiten soll, sich in einer unübersichtlichen arabischen Stadt zu orientieren und das Fremde zu beherrschen. Sind wir im Kreis gelaufen? Haben wir den Ausgang erreicht? Sind wir wieder dort angekommen, von wo aus wir losgelaufen sind?

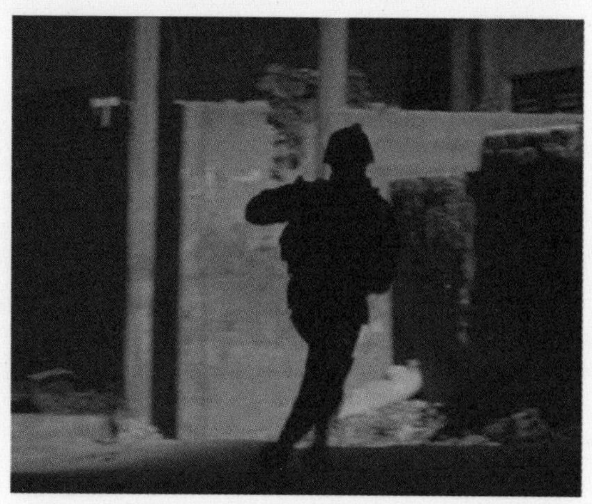

4.62 In Kathryn Bigelows Film „The Hurt Locker“ (2008), der von einem Team des „Explosive Ordnance Disposal“, einem Bombenräumkommando der US-Armee handelt, das im Irak im Einsatz ist, gibt es eine Szene, die am Schluss meines Vortrags stehen soll: Drei US-Soldaten suchen nachts in den engen Straßen und Gassen eines Wohnviertels in Bagdad nach Männern, die kurz davor ein Attentat mit einer getarnten Bombe verübt haben sollen.

Die Soldaten trennen sich und begeben sich einzeln in eine für sie feindliche und unbekannte räumliche Situation. Die Straßen der nächtlichen Großstadt im Krieg werden für sie zu einem lebensbedrohlichen Labyrinth.

[Es folgt die Vorführung der Filmszene.]

ANHANG

„Labyrinth. Ein Buch in vier Vorträgen" ist eine Performance als Publikation. Die Geste des Zeigens – bei einer Aufführung etwas Selbstverständliches – findet, in gedruckter Form, unter gänzlich anderen Bedingungen statt als auf einer Bühne. Das Zeigen wird hier zu einer Erweiterung des Schreibens, zu einer Form der reflexiven Produktion, oder, wie es der Soziologe Niklas Luhmann ausdrückte, zu „einer Produktion aus Produziertem". Ähnlich wie die Auswahl der Bilder das Ergebnis einer langen Suchbewegung in Büchern und im Internet war, sind die Texte Resultat und Rekombination vielfältiger Lektüren.

„Die moderne Subjektivität zeigt sich nicht durch die Produktion der Dinge, sondern durch ihre Verwendung", schreibt Boris Groys. Eine solche Intention liegt auch diesem Künstlerbuch zu Grunde. Die Publikation ist ein Versuch, Rezeption und Produktion – also Lesen und Schreiben, Bilder suchen und zeigen – in eine neue Form zu überführen.

1.01 Caroline Hake: *Nightstop* (2005) ▹Fetz/Schlüter (Hg.): *Noir Complex*, S. 32f.
1.02 Antike Münze ▹luther.edu
1.03 Super-Airbus auf dem Flughafen Langenhagen in Hannover. Foto: Dröse ▹neuepresse.de
1.04 Luftansicht von Marrakesch ▹Fischer / Gruber / Martin / Rappl (Hg.): *Daedalus*, S. 31.
1.05 Robert Morris: *Untitled (Section of a Rectangular Labyrinth)* (1973) ▹Morris: *The Mind / Body Problem*, S. 254.
1.06 Die deutsche Wehrmacht nutzt die Höhle von Gortyn 1942/43 als Munitionslager, Foto: Bundesarchiv Koblenz ▹labyrinthos.ch
1.07 Archäologisches Museum in Herakleion (2005), Foto: J. Ollé ▹Wikipedia
1.08 Ludwig Weniger: *Rekonstruktion des Schilds des Achilleus* (1912) ▹Kern: *Labyrinthe*, S. 59.
1.09 Detail der François-Vase (um 570-560 v. Chr.) ▹Kern: *Labyrinthe*, S. 60.
1.10 Baskischer Schneckentanz ▹Kern: *Labyrinthe*, S. 62.
1.11 Massenproteste gegen Putin ▹bild.de
1.12 Filmstill aus Fritz Lang: *Metropolis* (1927)
1.13 Bart de Beats: *Squiggle*
1.14 Holzmodell des Palastes in Knossos, Archäologisches Museum in Herakleion, Foto: Corvax ▹Wikipedia
1.15 Die deutsche Wehrmacht nutzt die Höhle von Gortyn 1942/43 als Munitionslager ▹labyrinthos.ch / Bundesarchiv Koblenz
1.16 iPod ▹www.onedigitallife.com
1.17 Blick aus dem 135. Stock des Burj Dubai ▹burjdubaiskyscraper.com
1.18 Blick aus dem 135. Stock des Burj Dubai ▹burjdubaiskyscraper.com
1.19 Studiofoto zu Fritz Lang *Metropolis* (1927) ▹grossstadt-expressionismus.blogspot.com
1.20 Filmplakat zu Fritz Lang: *Metropolis* (1927)
1.21 Straßenansicht ▹presolanafoto.it
1.22 Filmstill aus Fritz Lang: *Metropolis* (1927)
1.23 Bronzezeitliches Fresko aus Akrotiri ▹Wikipedia
1.24 Palm Deira, Dubai ▹rehmeier.de
1.25 Megaron ▹Wikipedia
1.26 Wohnhaus in Knossos ▹Witte: *Kreta*, S. 37.
1.27 Penang Shopping Mall ▹wired-destinations.com

1.28 Aufzeichnungen zur Zeichenfrequenz in der Linearschrift B ▹utexas.edu
1.29 Terracotta-Abwasserrohr aus Knossos ▹sciencemuseum.org.uk
1.30 Teile des sog. „Stadtmosaiks" mit Darstellung minoischer Häuser, Archäologisches Museum in Herakleion, Foto: Wolfgang Sauber ▹Wikipedia
1.31 Spielbrett, sog „Schachbrett" (1600-1500 v. Chr.), Archäologisches Museum in Herakleion, Foto: Wolfgang Sauber ▹Wikipedia
1.32 Frau auf einer Schaukel, Agia Triada (1450-1300 v. Chr.), Archäologisches Museum in Herakleion, Foto: Wolfgang Sauber ▹Wikipedia
1.33 Filmstill aus Fritz Lang: *Metropolis* (1927)
1.34 Cover von Jan Pieper: *Das Labyrinthische*
1.35 Moshe Safdie: *Habitat 67* ▹montrealinpictures.wordpress.com
1.36 Paris von oben ▹Fotoechse.de
1.37 Ausgrabung in Knossos ▹minoer.net
1.38 Ausschachtungsarbeiten mit Presslufthammer, Fotoarchiv Hans-Peter Grumpe ▹hpgrumpe.de
1.39 MacBook ▹pedroaxl.com
1.40 Wie eine Großstadt in 50 Jahren aussehen wird ▹Kluge: *Chronik der Gefühle*, S. 528.
1.41 Katakomben von Paris, Foto: Jérôme Bon ▹Wikipedia
1.42 Harry Beck: *Streckenplan der London Underground* (1933) ▹Wikipedia
1.43 Tunnelsystem unter Chicago ▹Wikipedia
1.44 Chicago Tunnel Company ▹guidetozscale.com
1.45 Filmstill aus Fritz Lang: *Metropolis* (1927)
1.46 Eingang zu den Katakomben in Paris ▹de.123rf.com
1.47 Einsturz des Historischen Stadtarchivs Köln (2009) ▹badische-zeitung.de
1.48 Gordon Matta-Clark: *Im Untergrund von Paris* ▹*Panik Stadt*, S. 107.
1.49 Nadar: *Katakomben von Paris* (1861) ▹Wikipedia
1.50 Nadar: *Katakomben von Paris* (1861) ▹Wikipedia
1.51 Goldbarren ▹witze.net
1.52 Eingang zur Höhle von Gortyn ▹labyrinthos.ch
1.53 Höhle von Gortyn ▹labyrinthos.ch

1.54 Die Höhlen von Gortyn in einem Plan von Sieber (1821)
▹Pieper: *Das Labyrinthische*, S. 174.

1.55 Die deutsche Wehrmacht nutzt die Höhle von Gortyn 1942/43 als Munitionslager, Foto: Bundesarchiv Koblenz
▹labyrinthos.ch/

1.56 Eingang zur Höhle von Gortyn
▹labyrinthos.ch

1.57 Eingang zum Forum des Halles
▹Wikipedia

1.58 Deckengemälde von Atila (Attila Biró), Forum des Halles (1978)/

1.59 Forum des Halles
▹Wikipedia

1.60 Les Halles (Anfang des 20. Jahrhunderts)
▹porridgelegs.blogspot.com

1.61 Les Halles, Baugrube (Mitte der 1970er Jahre)
▹fotocommunity.de

1.62 Les Halles (Anfang des 20. Jahrhunderts)
▹themasq49.free.fr

1.63 La Courneuve (Anfang der 1970er Jahre)

1.64 Plan des Parc de La Courneuve
▹lesaudoniens.com

1.65 Abriss des Forum des Halles, Foto: Jan Wenzel

1.66 Simulation des Neubaus des Forum des Halles
▹pplemoqueur.blogspot.com

1.67 Archigram: *Living City* (1963)
▹*Archigram*, S. 56.

1.68 Parc de La Courneuve
▹accueibanlieues.blogspot.com

1.69 Banlieue von Paris
▹andreaskerschbaumer.viennablog.at

1.70 Quartier du Cornillon und Stade de France
▹Wikipedia

1.71 Hochhaussprengung, Le Journal de Saint Denis
▹Becker (Hg.): *bigness*, S. 155.

1.72 Sarkozy besucht La Courneuve
▹sudouest.fr

1.73 Paul Citroën: Metropolis (1923)
▹*Bildende Kunst*, Heft 1982, S. 225.

1.74 OFFICE35: *Cité de Réfuge*, Ceuta (2007)
▹flickr.com/Fotostream von odb

1.75 OFFICE35: *Cité de Réfuge*, Ceuta (2007)
▹OFFICE: *Seven Rooms*

1.76 Mathieu Gallois: *Containment*
▹mathieugallois.com

1.77 OFFICE15: *Border crossing MEX-USA*
▹OFFICE: *Seven Rooms*

1.78 OFFICE15: *Border crossing MEX-USA*
▹OFFICE: *Seven Rooms*

2.01 Étienne-Jules Ramey: *Theseus kämpft mit dem Minotaur* (1826), Paris, Foto: Jastrow
▹ Wikipedia

2.02 Claude Shannons Maus „Theseus"
▹ skitterbot.com

2.03 Claude Shannons *Maschine zur Lösung des Labyrinth-Problems*
▹ peasantmuse.com

2.04 Shannons *Maschine zur Lösung des Labyrinth-Problems*
▹ quotestemple.com

2.05 Claude Shannons mit der Maus „Theseus"
▹ cyberneticzoo.com

2.06 Claude Shannons Einrad, Foto: Axel Roch
▹ heise.de

2.07 Nike-Zeus-Rakete
▹ Wikipedia

2.08 Shannon vor geöffneter *Maschine zur Lösung des Labyrinth-Problems*
▹ cyberneticzoo.com

2.09 Schematische Darstellung von Shannons Maschine
▹ cyberneticzoo.com

2.10 Bewegungsschema der Maus „Theseus"
▹ cyberneticzoo.com

2.11 Artikel über Shannons Labyrinth im *Life-Magazine*, (Juli 1952)
▹ cyberneticzoo.com

2.12 Artikel über Shannons Labyrinth im *Life-Magazine* (Juli 1952)
▹ cyberneticzoo.com

2.13 Computerspiel *SimCity*

2.14 Olaf Nicolai: *Labyrinth*, Parc de La Corneuve (1998)

2.15 Boot-Labyrinth
▹ jetztmalen.de

2.16 Giovanni Battista Piranesi: *Carceri* (1745 - 1750)
▹ Wikipedia

2.17 Bodenlabyrinth in Chartres
▹ pilgern.ch

2.18 Filmstill aus Fritz Lang: *Metropolis* (1927)

2.19 Foto: Privat

2.20 Bodenlabyrinth in der Kathedrale von Reims, Federzeichnung (1583 - 87)
▹ Kern: *Labyrinthe*, S. 237.

2.21 Kathedrale von Chartres, Federzeichnung nach einem Stich aus dem 18. Jh.
▹ Kern: *Labyrinthe*, S. 226.

2.22 Bodenlabyrinth in El-Asnam, heute Algier (312 n. Chr.)
▹ Kern: Labyrinthe, S. 119.

2.23 Bodenlabyrinth in El-Asnam, heute Algier (312 n. Chr.)
▹ Kern: *Labyrinthe*, S. 117.

2.24 Bodenlabyrinth in der Kathedrale von Bayeux
▹ Kern: *Labyrinthe*, S. 222.

2.25 Wegplan IKEA

2.26 Foto: Privat

2.27 Giovanni Fontana: Blatt aus *Bellicorum instrumentorum*...(1420)
▹ Kern: *Labyrinthe*, S. 203.

2.28 Giovanni Fontana: Blatt aus *Bellicorum instrumentorum*...(1420)
▹ Kern: *Labyrinthe*, S. 202.

2.29 Allan D'Arcangelo: *The Trip* ▹Venturi / Scott Brown / Izenour: *Lernen von Las Vegas*, S. 22.
2.30 Andrea Ghissi, *Il Laberinto* (1607) ▹Kern: *Labyrinthe*, S. 353.
2.31 Labyrinth des Heiligen Bernhard ▹Kern, *Labyrinthe*: S. 354.
2.32 Luis Nunes Tinoco: *Metrisches Labyrinth* ▹Kern: *Labyrinthe*, S. 355.
2.33 Peter Cook: *Control and Choice* (1966) ▹*Archigram*, S. 125.
2.34 Paris, Foto: Jan Wenzel
2.35 Olaf Nicolai: *Labyrinth*, Galerie für Zeitgenössische Kunst (2007)
2.36 Kinder mit LEGO-Spiel *Minotaurus*, Foto: Jan Wenzel
2.37 Johan Vredeman de Vries: *Entwurf für ein Garten-Labyrinth* (1615) ▹Kern: *Labyrinthe*, S. 365.
2.38 Labyrinth im Crystal Palace Park, London ▹flickr.com / Fotostream von NealeA
2.39 Labyrinth im Crystal Palace Park, London ▹flickr.com / Fotostream von NealeA
2.40 Daniel Loris: Labyrinth-Entwurf aus *Le Thrésor Des Parterres…* (1629) ▹Kern: *Labyrinthe*, S. 362.
2.41 Sebastiano Serlio: Labyrinth-Entwurf aus *Tutte l'opere…* (1537) ▹Kern: *Labyrinthe*, S. 361.
2.42 Unbekannter deutscher Zeichner, Labyrinth-Entwurf (2. Hälfte des 16. Jh.) ▹Kern: Labyrinthe, S. 364.
2.43 Cover von Baltasar Gracián: *Hand-Orakel und Kunst der Weltklugheit*
2.44 Sebastián de Covarrubias Orozco: *Emblemas Morales* (1610) ▹Kern: Labyrinthe, S. 322.
2.45 Robert Havemann: *Auszüge aus den Tafeln des Schicksals* (1979) ▹Havemann: *Auszüge aus den Tafeln des Schicksals*, S. 31.
2.46 Hieronymus Wierix: *Hecken-Irrgarten* (2. Hälfte des 16. Jh.) ▹Kern: *Labyrinthe*, S. 338.
2.47 Hieronymus Wierix: *Hecken-Irrgarten*, Detail ▹Kern: *Labyrinthe*, S. 338.
2.48 Hieronymus Wierix: *Hecken-Irrgarten*, Detail ▹Kern: *Labyrinthe*, S. 338.
2.49 Hieronymus Wierix: *Hecken-Irrgarten*, Detail ▹Kern: *Labyrinthe*, S. 338.
2.50 Porträt Baltasar Gracián ▹Wikipedia
2.51 Filmstill aus Stephen Frears: *Dangerous Liaisons* (1988)
2.52 Plakat auf der 110. Etage des World Trade Centers ▹*Panik Stadt*, S. 5.
2.53 François Nedelec / Duccio Vitale: Brettspiel *Mai 68* (1980)

2.54 Alice Becker-Ho / Guy Debord: *A Game of War* ▹Becker-Ho / Debord: *A Game of War*, S. 6.
2.55 LEGO-Spiel *Minotaurus* ▹Spielanleitung
2.56 LEGO-Spiel *Minotaurus* ▹Spielanleitung
2.57 Silberdrachme von Knossos (ca. 425-360 v. Chr.) ▹Wikipedia
2.58 LEGO-Spiel *Minotaurus* ▹Spielanleitung
2.59 Bewegungsschema der Maus „Theseus" ▹cyberneticzoo.com
2.60 Hülle von *S.T.A.L.K.E.R.* ▹moddb.com
2.61 Kernkraftwerk Tschernobyl ▹yourmana.com
2.62 Screenshot aus *S.T.A.L.K.E.R.*
2.63 Screenshot aus *S.T.A.L.K.E.R.*
2.64 Screenshot aus *S.T.A.L.K.E.R.*
2.65 Riesenrad in Pripjat nach dem Reaktorunfall in Tschernobyl ▹scootertuning.de
2.66 Peter Cook / Dennis Crompton / Ron Herron: *Instant City* (1968) ▹*Archigram*, S. 204.

Bildquellen

3.01 Allan D'Arcangelo: *The Trip* ▹Venturi/Scott Brown/Izenour: *Lernen von Las Vegas*, S. 22.
3.02 Sir Edward Coley Burne-Jones: *Theseus im Labyrinth* (1862) ▹cab.u-szeged.hu
3.03 Filmstill aus Jacques Tati: *Play Time* (1967)
3.04 Bewegungsschema von Claude Shannons Maus „Theseus" ▹cyberneticzoo.com
3.05 Claude Shannons Maus „Theseus", *Life Magazine*, (Juli 1952) ▹cyberneticzoo.com
3.06 Dubai ▹www.1000weltwunder.blogspot.com
3.07 Turm im Garten der Villa Pisani ▹holydieexplorer.com
3.08 Flughafen London Heathrow, Foto: Jan Wenzel
3.09 Benjamin Constant: *New Babylon, Gele sector* [Yellow sector] (1958) ▹Wigley: *Constant's New Babylon*, S. 89.
3.10 Theseus tötet den Minotaurus, Zeichnung auf einem griechischen Trinkgefäß (ca. 440 v. Chr.) ▹mlahanas.de
3.11 Spielende Kinder ▹waldorf-ideen-pool.de
3.12 Innenohr ▹eylardus-schule.de
3.13 Innenohr ▹anatomionline.dk
3.14 Bewegungsschema von Claude Shannons Maus „Theseus" ▹cyberneticzoo.com
3.15 Kreuzknoten ▹Wikipedia
3.16 Euklidischer Raum
3.17 Bodenmosaik in Conimbriga, Labyrinth mit Minotauros, ▹Wikipedia
3.18 Charles C. Zoller: *Portrait von Charlie Chaplin* (ca. 1917/1918) ▹drnorth.wordpress.com
3.19 Guy Debord/Asger Jorn: *Guide Psychogéographique de Paris* (1957) ▹articule.net
3.20 Infotafel im Shuttle-Bus des Flughafens *Paris Charles de Gaulle*, Foto: Urs Lehni
3.21 Labyrinth der Villa Pisani ▹viaggiandofacile.it
3.22 Claude Shannons Maus „Theseus", *Life Magazine*, (Juli 1952) ▹cyberneticzoo.com
3.23 US Airport taxiway markings ▹Wikipedia
3.24 Beispiel für eine „Mental Map" aus *World Regional Geography Third edition*, 2006 ▹mapanalysis.blogspot.com
3.25 Benjamin Constant: *New Babylon* (1969) ▹strabrecht.nl
3.26 Paris, Metrostation Stalingrad (2011), Foto: Jan Wenzel

3.27 Jacques Lagrange: *Produktionsskizze der Büros für Jacques Tati: „Play Time"* (1967) ▹Glasmeier / Klipper (Hg.): *Playtime – Film interdisziplinär,* S. 11.

3.28 Bewegungsschema ▹Kevin Lynch: *Das Bild der Stadt*, S. 13.

3.29 Benjamin Constant: *Labyrismen*, Blatt aus einer Serie von 11 Lithografien ▹Wigley: *Constant's New Babylon*, S. 190.

3.30 Modell Halle-Neustadt ▹Stadtarchiv Halle

3.31 Gerald Große: Halle-Neustadt, das Zentrum des ersten Wohnkomplexes mit dem Delta-Kindergarten im Vordergrund, um 1970

3.32 Blocknummer in Halle-Neustadt ▹flickr.com / Fotostream von reinirazzi

3.33 Benjamin Constant: *Labyrismen*, Blatt aus einer Serie von 11 Lithografien ▹Wigley: *Constant's New Babylon*, S. 191.

3.34 Kindergarten „Mauz und Hoppel" in Halle-Neustadt ▹Foto: Helga Spange

3.35 Filmstill aus Jacques Tati: *Play Time* (1967)

3.36 Venturi / Scott Brown: *Bold Sign in the City* (1969) ▹Vinegar: *I am a Monument*, S. 48.

3.37 Dubai von oben, Simulation ▹burjdubaiskyscraper.com

3.38 Benjamin Constant: *Mobiles Leiterlabyrinth* ▹Wigley: *Constant's New Babylon*, S. 186.

3.39 Bewegungsskizze ▹Kevin Lynch: *Das Bild der Stadt*, S. 125ff.

3.40 Flughafen Frankfurt am Main, Terminal 2. CDE-21 ▹fraport.de

3.41 Filmplakat zu Steven Spielberg: *Terminal* (2004)

3.42 Cover Bruno Bettelheim: *Der Weg aus dem Labyrinth.*

3.43 Schlussszene aus Charlie Chaplin: *Modern Times* (1936)

3.44 Douglas Southworth: *Illumination levels on the Strip* ▹Vinegar: *I am a Monument*, S. 22.

3.45 Tristram Shandy ▹trivium.revues.org

3.46 Kinder im Labyrinth (2009) ▹lumenchristi.de

3.47 Antikes Bodenlabyrinth in El-Asnam, heute Algier (312 n. Chr.) ▹Kern: *Labyrinthe*, S.119.

3.48 Antikes Bodenlabyrinth in El-Asnam, heute Algier (312 n. Chr.) ▹Kern: *Labyrinthe*, S.119

3.49 Benjamin Constant: *Sector, New Babylon* (1970) ▹Wigley: *Constant's New Babylon*, S. 19.

3.50 Benjamin Constant: *New Babylon Amsterdam* (1968) ▹Wigley: *Constant's New Babylon*, S. 191.

3.51 Benjamin Constant: *Labyrismen*, Blatt aus einer Serie von 11 Lithografien ▹Wigley: *Constant's New Babylon*, S. 191
3.52 Filmstill aus Jacques Tati: *Play Time* (1967)
3.53 Carlfriedrich Claus: *Skizze: Psychoneurologische Wahrnehmungskonstruieren* (1986) ▹Mössinger / Milde (Hg.): *Schrift. Zeichen. Geste*, S. 113.
3.54 Christine Stephan-Brosch: *Carlfriedrich Claus in seinem Annaberger Arbeitszimmer* (1979) ▹Mössinger / Milde (Hg.): *Augen Blicke Wort Erinnern*, S. 7.
3.55 Carlfriedrich Claus: *Erwartungshorizont im Gestein* (1962) ▹*Schrift. Zeichen. Geste*, S. 95.
3.56 Urban Wyss: *Der Welt lauff und wesen* (1562) ▹Kern: *Labyrinthe*, S. 310.
3.57 Albrecht Wagner: *Geistlicher Irr-Garten* (1758) ▹Kern: *Labyrinthe*, S. 317.
3.58 Anonymes Labyrinth-Gedicht (18. Jh.) ▹Kern: *Labyrinthe*, S. 314.
3.59 Labyrinth im Park der Villa Piasani ▹viaggiandofacile.it
3.60 Filmstill aus Jacques Tati: *Play Time* (1967)
3.61 Rolf Dieter Brinkmann: *Rom, Blicke*, S. 7.
3.62 Blick vom World Trade Center in New York City ▹atlantisonline. smfforfree2.com
3.63 Ikarus ▹hochgepokert.com
3.64 Cover von *Learning from Las Vegas*
3.65 Robert Venturi und Denise Scott Brown in Las Vegas ▹Vinegar: *I am a Monument*, S. 14.
3.66 Fremont Street bei Nacht ▹Aron Vinegar: *I am a Monument*, S. 63.
3.67 Analyseraster aus *Learning from Las Vegas* ▹learningfrommiltonkeynes .com
3.68 *Las Vegas*, Fotoarchiv von Robert Venturi und Denise Scott Brown ▹blueprintmagazine.co.uk
3.69 Filmplakat zu Jacques Tati: *Play Time* (1967) ▹Wikipedia
3.70 Filmstill aus Jacques Tati: *Play Time* (1967)

4. Garten / Camp

4.01 *Theseus*, Casa di Gavius Rufus, Pompeji, Foto: Olivierw ▹ Wikipedia

4.02 *Pasiphae und der Minotaurus*, attisch-rotfiguriger Kylix (340-320 v. Chr.), Cabinet des Médailles, Paris ▹ Wikipedia

4.03 *Minotaurus*, entwickelt mit dem Grafikprogramm „zbrush" ▹ dplusvisuals.com

4.04 Küste Kretas ▹ agapimeno.de

4.05 Weißer Stier ▹ tanzhotels.de

4.06 ▹ Foto: Privat

4.07 Sacha Baron Cohens Alter-Ego „Brüno" im hautengen Stierkostüm ▹ Spiegelonline.de

4.08 Der Eingang zu Camp 1 in Guantánamo Bay's „Camp Delta". Foto: Kathleen T. Rhem ▹ Wikipedia

4.09 Ovid ▹ Wikipedia

4.10 Moshe Safdie: *Habitat 67*, Montreal ▹ m.wikitravel.org

4.11 Edward Quinn: *Picasso mit Stiermaske* (1959) ▹ boisseree.com

4.12 Klaus Ensikat: *Mechanischer Stier* ▹ Holtz-Baumert: *Daidalos und Ikaros*, S. 41.

4.13 Sog. Ausreisezentrum Fürth, Foto: res publica ▹ ausreisezentren.de

4.14 Johann Ulrich Krauss: Illustration zu Ovids *Metamorphosen* (1690) ▹ latein-pagina.de

4.15 Georg Frederic Watts: *Der Minotaurus* (1885) ▹ Wikipedia

4.16 Vierbeiniger Lastenroboter zur Unterstützung von Bodentruppen bei Militäreinsätzen der US-Armee ▹ bostondynamics.com

4.17 Titelgrafik von *The Shock of the New*, BBC (1980) ▹ Youtube

4.18 Claude Shannon *Mind-Reading-Machine* (1953), Foto: Axel Roch ▹ heise.de

4.19 Filmstill aus Stanley Kubrick: *2001 – A Space Odyssey* (1968)

4.20 Filmstill aus Stanley Kubrick: *2001 – A Space Odyssey* (1968)

4.21 *Theseus und der Minotaurus*, attischer rotfiguriger Teller, (520-510 v. Chr.), Louvre ▹ Wikipedia

4.22 *Theseus tötet den Minotaurus*, Römisches Mosaik, Rhaetia, Schweiz ▹ gollum.klack.org

4.23 Antonio Canova: *Theseus und Minotaurus* (1782) ▹ Wikipedia

4.24 *Theseus und Minotaurus* (ca. 550 v. Chr.) ▹ Wikipedia

4.25 Minotaurus wird getötet ▹ panoptikum.net

4.26 Theseus tötet Minotaurus
▹web.eecs.utk.edu

4.27 Goldplättchen mit geprägter Kampfszene zwischen Theseus und Minotaurus, Archäologische Zeitung (1884)
▹Wikipedia

4.28 Antoine-Louis Barye: *Theseus und der Minotaurus* (1840)
▹Wikipedia

4.29 Roberto Burle Marx: *Pflanzkübel auf der Terrasse des Manchete Hauses*
▹Eliovson: *The Gardens of Roberto Burle Marx*, S. 125.

4.30 Zoo Leipzig, Gondwanaland, Foto: Jan Wenzel

4.31 Zoo Leipzig, Gondwanaland, Foto: Jan Wenzel

4.32 Foto: Privat

4.33 Filmstill aus Alain Resnais: *L'année dernière à Marienbad* (1960/61)

4.34 Straßenreinigung in Paris, Foto: Jan Wenzel

4.35 Besen
▹schulbilder.org

4.36 Plastikbesen, Foto: Jan Wenzel

4.37 Olaf Nicolai: *Labyrinth*, Galerie für Zeitgenössische Kunst Leipzig, Foto: Jan Wenzel

4.38 Roberto Burle Marx: *Praça Triangular*, Armeeministerium, Brasilia
▹Eliovson: *The Gardens of Roberto Burle Marx*, S. 144.

4.39 Lageplan des Konzentrationslagers Oranienburg
▹Wikipedia

4.40 Rheinwiesen-Lager (1945)
▹forum.davidicke.com

4.41 *Josua und die Stadt Jericho*, farbige Miniatur aus einer syrischen Grammatik
▹Kern: *Labyrinthe*, S. 198.

4.42 Filmstill aus Alfonso Cuarón: *Children of Men* (2006)

4.43 Auschwitz, Stammlager, Foto: C. Ender
▹imdialog-ev.org

4.44 Pablo Picasso: *Minotaurus und Pferd*
▹modernmythology.net

4.45 *Daidalos und Ikaros*, unbekannter Künstler, Compiègne
▹waatp.nl

4.46 Cover Raymond Federman: *Die Nacht zum 21. Jahrhundert oder Aus dem Leben eines alten Mannes*

4.47 Vormilitärische Ausbildung im Kinder- und Jugendferienlager „Kim Il Sung“ in Prerow
▹ forum-ddr-grenze.de

4.48 Klaus Ensikat: *Labyrinth*
▹Holtz-Baumert: *Daidalos und Ikaros*, S. 41.

4.49 Ägyptisches Ideogramm mit der Bedeutung „Haus“
▹Pieper: *Das Labyrinthische*, S. 41.

4.50 Adam Broomberg: *Chicago* (2005)
▹pruned.blogspot.com

Quellenverzeichnis: Bücher

Abdallah, Mogniss H.: „Banlieue-Show oder das Politikspektakel der Sprengung abgewirtschafteter cités“, in: Jochen Becker (Hg.): *bigness. Kritik der unternehmerischen Stadt*, Berlin: b_books, 2001.

Archigram, Paris: Éditions du Centre Pompidou, 1994.

Arndt, Olaf: „Labyrinth und Lager – Zur Gegenwart eines Urbildes in Zeiten der Krise“, in: *el dorado. Über das Versprechen der Menschenrechte*, Bielefeld: Kerber Verlag, 2009.

Attali, Jacques: *Wege durch das Labyrinth*, Hamburg: Europäische Verlagsanstalt, 1999.

Augen Blicke Wort Erinnern. Begegungen mit Carlfriedrich Claus, Berlin: Janus press, 1999.

Bader, Markus / Herrmann, Daniel (Hg.): *halle-neustadt führer*, Halle an der Saale: Mitteldeutscher Verlag, 2006.

Becker-Ho, Alice / Debord, Guy: *A Game of War*, London: Atlas Press, 2007.

Bettelheim, Bruno: *Der Weg aus dem Labyrinth. Leben lernen als Therapie*, Stuttgart: dva, 1975.

Brinkmann, Rolf Dieter: *Rom, Blicke*, Reinbeck bei Hamburg: Rowohlt, 1997.

Broomberg, Adam / Chanarin, Oliver: *Chicago*, Göttingen: SteidlMACK, 2006.

Candolini, Gernot: *Labyrinth. Wege der Erkenntnis und der Liebe*, München: Claudius Verlag, 2004.

Carroll-Spillecke, Mauren (Hg.): *Der Garten von der Antike bis zum Mittelalter*, Mainz: von Zabern, 1995.

de Certeau, Michel: *Kunst des Handelns*, Berlin: Merve Verlag, 1988.

Didi-Huberman, Georges: *Wenn die Bilder Position beziehen. Das Auge der Geschichte I*, München: Wilhelm Fink Verlag, 2011.

Doßmann, Axel / Wenzel, Jan / Wenzel, Kai: *Architektur auf Zeit. Baracken, Pavillons, Container*, Berlin: b_books, 2006.

eBoy [Sauerteig, Steffen / Smital, Svend / Stemmler, Peter / Vermehr, Kai]: *Hello*, Amsterdam: BIS Publishers, 2002.

Eliovson, Sima: The Gardens of Roberto Burle Marx, New York: Harry N. Abrams, Inc. / Sagapress Inc., 1995.

Fetz, Wolfgang / Schlüter, Maik (Hg.): *Noir Complex. City, Story, Destruction and Death*, Leipzig: Spector Books, 2010.

Fischer, Gerhard / Gruber, Klemens / Martin, Nora / Rappl, Werner (Hg.): *Daedalus. Die Erfindung der Gegenwart*, Basel / Frankfurt am Main: Stroemfeld / Roter Stern, 1990.

Foucault, Michel: *Raymond Roussel*, Frankfurt am Main: Suhrkamp, 1989.

Gebauer, Gunter: „Die fortschreitende Entdeckung des Spiels", in: Hollein, Max / Luyken, Gunda: *Kunst – ein Kinderspiel*, Frankfurt am Main: Revolver, 2004.

Glaser, Hermann: *Hinterm Zaun das Paradies. Illustrierte Ideengeschichte des Gartens*, Berlin: Parthas-Verlag, 2011.

Glasmeier, Michael / Klipper, Heike (Hg.): *Playtime – Film interdisziplinär. Ein Film und acht Perspektiven*, [= Medien Welten. Braunschweiger Schriften zur Medienkultur, herausgegeben von Rolf F. Nohr, Band 4] Münster: Lit Verlag, 2005.

Gracián, Baltasar *Hand-Orakel und Kunst der Weltklugheit*, Leipzig: Dieterich'sche Verlagsbuchhandlung, 1982.

Hailey, Charlie: *Camps. A Guide to 21-st-Century Space*, Cambridge MA / London: MIT Press, 2009.

Havemann, Robert: *Auszüge aus den Tafeln des Schicksals. Ein Porträt von Velimir Chlebnikov*, Jossa: März Verlag, 1979.

Hocke, Gustav René: *Die Welt als Labyrinth. Manierismus in der europäischen Kunst und Literatur*, durchgesehene und erweiterte Ausgabe, herausgegeben von Curt Grützmacher, Reinbeck bei Hamburg: Rowohlt, 1991.

Holtz-Baumert, Gerhard: *Daidalos und Ikaros*, mit Illustrationen von Klaus Ensikat, Berlin: Kinderbuchverlag, 1984.

Kelly, Kevin: *Das Ende der Kontrolle. Die biologische Wende in Wirtschaft, Technik und Gesellschaft*, Mannheim: Bollmann, 1997.

Kern, Hermann: *Labyrinthe. Erscheinungsformen und Deutungen, 5000 Jahre Gegenwart eines Urbilds*, München: Prestel-Verlag, 1982.

Kollektiv Rage: *Banlieues. Die Zeit der Forderungen ist vorbei*, Berlin / Hamburg: Assoziation A, 2009.

Kluge, Alexander: *Chronik der Gefühle*, Frankfurt am Main: Suhrkamp, 2000.

Kluge, Alexander: „Proletarische Öffentlichkeit in Chicago". Ein Bericht, in: Kluge, Alexander: *Verdeckte Ermittlung. Ein Gespräch mit Christian Schulte und Rainer*

Stollmann, Berlin: Merve Verlag, 2001.

Kopp, Wolfgang: *Wander- und Reiseführer Kreta*, München: Nelles Verlag, 1985.

„Leben und Sprechen. Ein Gespräch zwischen François Jacob, Roman Jakobson, Claude Lévi-Strauss und Philippe L'Héritier unter der Leitung von Michel Tréguer", in: Jakobson, Roman: *Semiotik. Ausgewählte Texte 1919-1982*, herausgegeben von Elmar Holenstein, Frankfurt am Main: Suhrkamp, 1992.

Lefèbvre, Henri: *Die Revolution der Städte*, München: Paul List Verlag, 1972.

Lethen, Helmut: *Verhaltenslehren der Kälte. Lebensversuche zwischen den Kriegen*, Frankfurt am Main: Suhrkamp, 1994.

Lethen, Helmut / Wizisla, Erdmut: „Das Schwierigste beim Gehen ist das Stillestehn. Benjamin schenkt Brecht Gracián, ein Hinweis", in: Silbermann, Marc (Hg.): *drive b: brecht 100. The Brecht Yearbook 23*, Berlin: Theater der Zeit, 1998.

Lootsma, Bart: *Koolhaas, Constant und die niederländische Kultur der 60er*, [= Disko 1, herausgegeben von Arno Brandlhuber] Nürnberg: a42.org / AdbK, 2006.
Lynch, Kevin: *Das Bild der Stadt*, [= Bauwelt Fundamente 16] Berlin / Frankfurt am Main / Wien: Ullstein, 1965.

von Marcard, Micaela: *Rokoko oder das Experiment am lebenden Herzen. Galante Ideale und Lebenskrisen*, Reinbeck bei Hamburg: Rowohlt, 1994.

de Marinis, Pablo: *Überwachen und Ausschließen. Machtinterventionen in urbanen Räumen der Kontrollgesellschaft*, Pfaffenweiler: Centaurus-Verlagsgesellschaft, 2000.

Mössinger, Ingrid / Milde, Brigitta (Hg.): *Schrift. Zeichen. Geste. Carlfriedrich Claus im Kontext von Klee und Pollock*, Köln: Wienand Verlag, 2005.

Morris, Robert: *The Mind / Body Problem*, New York: Guggenheim Museum, 1994.

Mosser, Monique / Georges, Teyssot: *The History of Garden Design. The Western Tradition from the Renaissance to the Present Day*, London: Thamses & Hudson, 1991.

OFFICE Geers, Kersten / Van Severen, David: *Seven Rooms*, Antwerpen: deSingl, 2009.

Ohrt, Roberto: *Phantom Avantgarde. Eine Geschichte der Situationistischen Internationale und der modernen Kunst*, Hamburg: Nautilus, 1997.

Panik Stadt. Eine Publikation der Bauwelt im Verlag Vieweg, Berlin / Braunschweig: Vieweg, 1979.

Pieper, Jan: *Das Labyrinthische. Über die Idee des Verborgenen, Rätselhaften, Schwierigen in der Geschichte der Architektur*, Braunschweig / Wiesbaden: Vieweg & Sohn Verlagsgesellschaft, 1987.

Publius Ovidius Naso: *Metamorphosen*, mit Radierungen von Pablo Picasso, Leipzig: Reclam, 1986.

Roch, Axel: *Claude E. Shannon. Spielzeug, Leben und die geheime Geschichte seiner Theorie der Information*, Berlin: Gegenstalt-Verlag, 2009.

Schäfer, Christoph: *Die Stadt ist unsere Fabrik*, Leipzig: Spector Books, 2010.

Situationistische Internationale: Der Beginn einer Epoche, Hamburg: Nautilus, 2008.

Stern, Laurence: *Das Leben und die Meinungen des Tristram Shandy*, hier zitiert nach: Glasmeier, Michael: „Arrowhead. Vorwort, Dank und Projektmitteilungen nebst einigen Überlegungen zu Pantoffeln und zum Lob der Digression“, in: *Erzählen. Eine Anthologie von Michael Glasmeier*, Berlin: Akademie der Künste, 1994.

Ulbrich, Gunnar: „Sensible Zonen. Saint-Denis, eine Stadt in der nördlichen Pariser Banlieue empfängt die Fußballweltmeisterschaft“, in: Becker, Jochen (Hg.): *bigness. Kritik der unternehmerischen Stadt*, Berlin: b_books, 2001.

Venturi, Robert / Scott Brown, Denise / Izenour, Steven: *Learning from Las Vegas. The Forgotten Symbolism of Architectural Form*, Revised Edition, Cambridge MA / London: MIT Press, 1998.

Venturi, Robert / Scott Brown, Denise / Izenour, Steven: *Lernen von Las Vegas. Zur Ikonografie und Architektursymbolik der Geschäftsstadt*, [= Bauwelt Fundamente 54] Basel: Birkhäuser, 2001.

Vinegar, Aron: *I am a Monument. On Learning from Las Vegas*, Cambridge MA / London: MIT Press, 2008.

Wigley, Mark: *Constant's New Babylon. The Hyper-Architecture of Desire*, Rotterdam: Witte de With / 010 Publishers, 1998.

Witte, Reinhard: *Kreta. Insel des Minos*, Berlin: Kinderbuchverlag, 1991.

Quellenverzeichnis: Filme und Zeitungen

Beyer, Frank:
Nackt unter Wölfen (1963)

Bigelow, Kathryn:
The Hurt Locker (2008)

Chaplin, Charlie:
Modern Times (1936)

Frears, Stephen:
Dangerous Liaisons (1988)

Kubrick, Stanley:
2001 – A Space Odyssey (1968)

Lang, Fritz:
Metropolis (1927)

Singh, Tarsem:
Immortales (2011)

Spielberg, Steven:
Terminal (2004)

Tati, Jacques:
Play Time (1967)

Albrecht, Christoph: „Wie sich die Wahlfreiheit berechnen lässt", in: *Frankfurter Allgemeine Zeitung*, 5. Juni 2010.

Dorn, Rudolf: „Leserbrief", in: *Liberal-Demokratische Zeitung*, 13. September 1968.

Dotzler, Bernhard: „Geheimgeschichte der Informationstheorie", in: *Neue Züricher Zeitung*, 23. Juni 2010.

Klingner, Susanne / Stadler, Rainer: „Der Spion, der aus der Kälte kam", in: *Süddeutsche Zeitung Magazin*, Heft 3, 19. Januar 2007.

Rieger, Frank: „Bald wird alles anders sein. Doch wir können die Folgen steuern. Manifest für eine Sozialisierung der Automatisierungsdividende", in: *Frankfurter Allgemeine Zeitung*, 18. Mai 2012.

Editorische Notiz

Aus grünen Plastikbesen, wie sie die Stadtreinigung von Paris verwendet, hat Olaf Nicolai 1998 für die Ausstellung „Art Grandeur Nature“ im Parc de La Courneuve des Pariser Vororts Saint-Denis ein Labyrinth gebaut. Der Grundriss variiert einen Entwurf aus dem barocken Musterbuch Daniel Loris’. Nach Beendigung der dreimonatigen Ausstellungszeit im Parc de La Courneuve fand die Arbeit einen neuen Standort im öffentlich zugänglichen Gartenbereich der Galerie für Zeitgenössische Kunst Leipzig. „Labyrinth. Ein Buch in vier Vorträgen“ wurde erstmals im Herbst 2010 von vier verschiedenen Vortragenden (Alexander Hempel, Johannes Kirsten, Anne König, Francis Hunger) in der Galerie für Zeitgenössische Kunst Leipzig aufgeführt.